# 산너머
# 남촌에는

KB191546

가수 박재란, 기도를 통한 인생 극복기

# 산 너머 남촌에는

**초판 1쇄 인쇄** | 2011년 8월 10일
**초판 1쇄 발행** | 2011년 8월 16일

**지은이** | 주경희

**펴낸이** | 김학룡
**펴낸곳** | 엔크리스토
**마케팅** | 김민회, 이동석
**관리부** | 임월규, 최경진, 이진규, 김선하, 신동열

**출판등록** | 2004년 12월 8일
**주소** | 경기도 고양시 일산동구 장항동 585-2
**전화** | (031) 906-9191
**팩스** | (031) 906-9195
**이메일** | 9191@korea.com
**공급처** | 기독교출판유통 (031) 906-9191  **팩스** | (031) 906-9195

ISBN  978-89-92027-97-7 03230

가수 박재란, 기도를 통한 인생 극복기

산 너머
남촌에는

주경희 지음

엔크리스토
ENCHRISTO

역경은 그리스도께서
우리를 향하신 놀라운 비밀을 위해
숨겨 놓으신 과정이에요!

처음 박재란 권사님을 만나게 된 것은 KBS방송국이
었습니다. 제가 일하고 있는 프로에 가수로 초대되어 나
오셨습니다. 여전히 아름다운 모습에 젊음을 간직하고
계셨습니다. 놀랍도록 빛이 나 있었습니다. 그러나 그것
은 가수여서가 아니라, 주님께서 박재란 권사님 안에서
역동적으로 사랑과 권능과 생명의 역사를 이루고 계시기
때문이라는 것을 쉽게 느낄 수 있었습니다.

감성적이고 다정다감한 박 권사님과 저는 신앙이라는
이름으로 진정한 대화를 나눌 수 있었고, 우리들의 삶의

목적이나 존재 가치가 그리스도안에서는 모두가 하나가 된다는 것을 느낄 수 있었지요.

하나님을 경외하며 감격 속에서 하루하루를 보내시는 박 권사님의 모습은 그래서 더욱 아름다웠고 건강했으며, 알맞은 때와 장소에서 하나님이 지혜와 명철을 주시므로 전도의 역사를 훌륭히 펼치고 계셨습니다.

박재란 권사님의 삶을 통해, 역경이란 그리스도께서 우리를 향하신 놀라운 비밀을 위해 숨겨놓으신 과정이라는 것을 깨달았습니다. 결국 위기란 그리스도를 믿는 이에겐 기회,

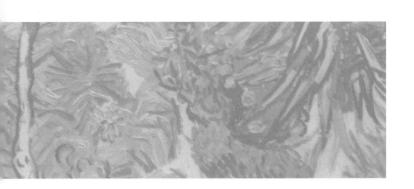

그것도 위대한 기회라는 것을 알게 된 것입니다.

할렐루야!

오직 승리케 하시는 분은 삼위일체 하나님뿐이기에.

박 권사님을 통해 권사님이 보여주는 신앙과 겸손함과 순종으로부터 그리스도의 사랑과 능력을 온 마음으로 배울 수 있었고, 주님께서는 우리에게 주님의 영광과 함께 우리 몫으로 져야 할 십자가를 함께 주셨다는 것을 깨닫게 되었습니다.

이렇듯 제 신앙이 바르게 자리잡는 계기가 되고, 신앙성장을 훨씬 가속화시킬 수 있는 계기도 마련되었듯이, 박재란 권사님의 이야기를 통해 성령은 지식으로만 존재하는 것이 아니라 하나님의 임재를 느낄 수 있는 생생한 체험이라는 것을 독자 여러분도 경험하시기 바랍니다. 십자가 앞에서 무릎 꿇는 심정으로… 주경희가 씁니다.

2011년 글쓴이

# 내 나이
# 이제……

하나님이 세상을 이처럼 사랑하사 독생자를 주셨으니
이는 그를 믿는 자마다 멸망하지 않고 영생을 얻게 하려 하심이라

– 「요한복음」 3장 16절

할렐루야!

순결함과 순수함으로 유리를 뚫던 햇살이 순하게 잦아든다. 저만큼 불끈 솟은 아파트 너머로 붉은 햇덩이가 떨어지면서 일대의 모든 것들이 아찔하게 눈부신 빛으로 물들어간다.

집 안 가득 은은한 빛이 채워진다. 눈이 내린 듯 안개에 젖은 듯 순백의 실내에 여린 화초들이 조화를 이루며 꿈틀거린다.

집 안은 차분하고 단아하다. 모든 것에서 온통 감사뿐이다.

'내가 만약 예수를 믿지 않았더라면…….'

이런 가정을 하는 순간, 그녀의 몸이 오싹해진다.

예수 없는 인생은 한없이 공허할 뿐이다. 세속적인 기쁨은 움켜쥐면 움켜쥘수록 허무하다. 그녀는 그것을 안다.


"주님, 주님은 제 삶의 전부입니다. 인생의 주인이신 주님께 순종합니다. 착한 종은 항상 주인의 말에 기쁘게 복종합니다. 제 삶을 주님의 뜻대로 사용하옵소서."


그녀는 뽀얗고 새하얀 소파에 앉는다. 그리고 잠시 생각에 잠긴다. 뒤를 돌아본다. 돌아보니 참 멀리도 와 있다.

'내 나이 이제······.'

이제 모자랄 것도, 그렇다고 넘칠 것도 없다. 어깨에 지워진 삶의 무게를 가늠하기보다는 절망이나 포기를 지혜롭게 비켜 갈 줄 아는 나이.

그녀는 오래오래 뒤를 돌아본다. 세월의 흔적이 켜켜로 쌓여 있으나 가슴 안에서 순결의 하얀빛이 고개를 든다. 순간 파노라마처럼 펼쳐지는 지난 이야기에 다시 눈이 부셔온다.

황홀하다.

❧

  1950년, 전쟁 발발 사흘 만에 수도 서울은 인민군의 수중에 떨어지고 임시 수도가 대전에 이어 대구, 부산으로 옮겨질 때 소녀는 천안에 있었다. 미군의 폭격과 인민군의 위협 속에서 공포의 나날을 보내야 했지만, 그런 상황을 깨닫기에 소녀는 어렸다. 전쟁의 폭풍이 쓸고 간 폐허 더미 위에서의 생존이었지만, 철도청에 다니는 아버지 덕에 소녀는 윤택하게 지냈다.

  어린 소녀는 언덕에 선다. 이제 초록으로 윤기 흐르는 잎사귀 사이로 수억의 빛살이 되어 쏟아지는 햇살을 온몸으로 받으며 소녀가 서 있다. 실바람이 소녀의 머리칼을 쓸어준다.

  몸이 약해 잔병치레를 자주 하지만, 눈부시게 뽀얀 피부에 커다랗고 똘망똘망한 눈을 지닌 소녀는 아름답다. 소녀는 입안 가득 뜻 모를 가락을 흥얼거린다.

꽃다발 걸어주던 달빛 푸른 파지장
떠나가는 가슴엔 희망초 핀다

며칠 전 라디오에서 들었던 노래가 성대의 떨림과 숨결에
리듬을 주는 혀의 움직임에 따라 노래가 되어 울린다.

멀리 논에서 뙤약볕 아래 일하는 할아버지가 보이고, 산에
가서 갈퀴나무를 한 짐 해서 지고 내려오는 아저씨도 보인다.
곁두리를 머리에 이고 가는 아주머니도 눈에 들어온다.

"영숙아! 영숙아!"

"언니, 왜?"

"빨리 와봐. 큰일 났어."

"무슨 일인데?"

"아버지가, 아버지가……."

언니가 운다. 어린 소녀의 가슴이 쿵 내려앉는다.

'아닐 거야. 아니야.'

사립문으로 들어서는데, 어머니의 통곡 소리가 들려왔다.

소녀는 어머니가 그렇게 크게 우는 것을 처음 봤다.

"정말 아버지가 돌아가신 거야?"

처참하게 울부짖는 어머니를 보며 소녀는 너무 슬퍼 함께 울었다. 소녀는 아버지를 잃은 상실감을 어머니를 통해 이해하고 있었다.

그날 밤, 소녀는 밤새도록 엎치락뒤치락 잠을 이루지 못한 채 아버지 생각만 했다.

그날 이후, 소녀는 마루 끝에 엉덩이를 붙이고 앉아 퇴근해 돌아올 아버지를 기다렸다. 열린 사립문으로 들어설 것 같은 아버지를 기다렸다. 그 후 오랫동안.

하루아침에 가장을 잃은 어머니는 모든 것을 포기하고 절망에서 오랫동안 헤어 나오지 못했다.

커다란 눈망울로 소녀는 어머니를 바라본다. 소녀는 구경하듯 어머니를 바라보고 있다. 어머니는 입을 꽉 다문 채 먼 산을 응시하고 있다.

막내 동생이 울음을 터뜨렸을 때, 어머니는 동생을 안으며 무겁게 입을 열었다.

"너희들 뭐 해, 학교 안 가고!"

"학교 다녀오겠습니다."

집을 나서서 왼쪽으로 20~30미터쯤 걸으면 학교 가는 길과 이어졌다. 언니와 소녀는 앞서거니 뒤서거니 걸었다.

둥지로 삼은 나무에 떼로 몰려와 한꺼번에 재재거리는 참새, 쇠죽을 기다리며 딸랑딸랑 워낭을 흔들고 낮고 길게 우는 소, 닭장으로 들어가 홰대 위에 모여앉아 꾹꾹거리는 닭의 소리가 온 마을을 감싼다.


소녀의 학교 생활은 즐거웠다.

"영숙아! 노래 좀 불러줘."

라디오를 통해 배운 노래들을 소녀는 몽땅 불러주었다. 아이들은 감탄사를 연발했다. 학교 아이들에게 그녀는 전속 가수였다. 신기하게도 무슨 노래든 두세 번만 들으면 멜로디가 기억되었고, 가사를 익히는 것도 공부보다 훨씬 쉬웠다. 음악적 재능이 남달랐던 소녀는 가수의 꿈을 품었다.

"영숙이 넌 좋겠다. 얼굴도 예쁘고, 노래도 잘하고."

친구들의 부러움 섞인 말에 소녀는 우쭐했다. 그렇게 노래는 소녀의 가슴에 희망의 꽃을 피웠다. 학교에서나 집에서나 유행가를 전파시키는 메신저 역할을 한 사람은 소녀였다.

소녀가 신작로를 걸어갈 때 옆에서는 깨끗한 물줄기가 소리를 내며 흘렀고, 빨래하는 아주머니들의 방망이질 소리가 요란했다. 낯익은 길옆에서는 어머니가 가꾼 채소밭에서 푸성귀가 꽤 실하게 자라고 있었다.

"이제 오는 거냐?"

어머니가 푸성귀 사이로 고개를 들었다. 어머니의 얼굴은 예전과는 달리 생기가 있었다.

"엄마!"

"마루에 밥 차려놓았으니까 먹고 놀아라."

"엄마, 이제 괜찮아?"

"엄마가 뭐?"

어머니의 목소리가 씩씩했다. 어머니는 1남 5녀의 가장으로 돌아와 있었다.

아버지가 훌쩍 떠나버린 뒤 집은 여전히 흥부네 곳간처럼 빈궁했지만, 어머니는 기운을 내서 남의 논일이든 밭일이든 궂은일을 마다하지 않았다. 소녀의 집에서는 그런 어머니의 억척스러움이 희망의 심지에 불을 붙였다.

휴전 후, 전쟁의 피해가 극명히 드러나는 가운데서도 한반도는 재건을 위해 활기차게 움직였다. 라디오에서는 이난영의 '목포는 항구다'가 흘러나오고 있었다.

어느 날, 소녀의 가족은 더 작은 집으로 이사했다. 지붕 낮은 집들이 닥지닥지 붙어 있는 초라한 동네였다.

어머니는 일찍부터 밖에 나가 밤늦게 돌아왔다. 돌아온 어머니의 손에는 쌀 봉지가 들려 있었다.

어느 날, 소녀가 친구들과 놀다 들어왔을 때 어머니가 반갑게 소녀를 맞았다. 경찰 정복을 입은 낯선 손님과 함께였다.

"네가 영숙이구나?"

"예. 안녕하세요."

소녀는 어머니의 눈치를 보며 인사했다. 어머니와는 오래전부터 꽤 친한 사이인 것 같았다. 입안으로 침이 꿀꺽 넘어갔다.

"영숙이 네가 노래를 그렇게 잘한다면서? 노래만 잘하는 줄 알았더니 얼굴도 예쁘게도 생겼구나."

"네?"

놀란 소녀가 커다란 눈을 더 크게 떴다.

"네가 노래를 하고 싶다면 돕고 싶구나."

어머니와는 이미 이야기를 나눈 모양이었다. 순간 소녀는 두려움을 느꼈다.

그 손님의 이름은 박태준, 인천경찰악대장이었다.

"네가 원한다면 노래를 할 수 있게 도와주마."

소녀는 눈만 깜빡일 뿐 대답을 하지 않았다. 아직 뭔가를 결정하기에는 어린 나이였다. 하지만 머릿속에 많은 생각이 스쳐갔다. 꿈이라도 좋으니 가수가 되는 길 문턱에라도 한번 가보고 싶었다. 라디오에서 흘러나오는 멋진 노래의 주인공이 되고 싶다는 소망이 소녀의 마음속에 이미 오래전부터 자리하고 있었던 것이다.

"하고 싶어요. 하겠습니다."

"그래, 그럼 내가 널 가수로 추천해주마."

그는 소녀에게 등불과 같은 사람이었다. 소녀가 노래를 잘하는 재주를 타고났다면, 그는 그 잠재력을 키워준 정신적 지주였으며 인생의 든든한 후원자였다. 그는 소녀에게 세상살이에 필요한 것을 모두 가르쳐주었다. 아무것도 모르는 소녀를 데리고 다니며 유행에 맞는 옷까지 골라주었다.

"영숙아! 아저씨가 너를 육군본부 산하 군예대에 3기생으로 추천했대."

언니의 말을 들은 소녀는 믿어지지 않는 현실 앞에서 방 안을 서성거리며 생각했다.

'정말 가수가 될 수 있을까? 내가 정말 노래를 부를 수 있는 거야?'

노래를 할 수 있다고 생각하니 가슴이 벅차올랐다. 소녀는 라디오에서 흘러 나오는 노래만 듣고도 악보를 읽어낼 수 있었다. 음악적인 영리함을 타고난 덕분이었다.

# 소녀,
# 별이 되다

땅과 거기에 충만한 것과 세계와 그 가운데에 사는 자들은
다 여호와의 것이로다

− 「시편」 24편 1절

할렐루야!

그녀는 요즘 형언할 수 없는 행복 속에 젖어 지낸다. 예수님이 그녀의 마음을 온통 소유하고 계신 것이다. 매일매일 열심히 성경을 읽으며 신앙의 터를 한 켜 한 켜 닦아간다. 그것은 그녀가 누리는 특별한 은총이다.

"사람이 마음으로 자기의 길을 계획할지라도 그 걸음을 인도하는 자는 여호와시니라"(「잠언」 16장 9절)는 말씀을 자신의 삶에 받아들인 지 오래다.

그녀는 하나님의 놀라운 역사가 펼쳐지는 하루하루를 경험하며 가슴이 뜨거워지고 마음에서는 깊은 감사가 흘러넘치며 눈이 뜨거워진다. 예수 그리스도를 믿게 되는 회심의 계기를 겪은 이들이 대부분 경험했듯이 하나님과 함께 걸어가는 인생은 얼마나 황홀한가.

그녀는 안다. 하나님만이 진정 삶의 중심이 되어야 한다는 것을. 인생은 귀한 것으로 아무렇게나 막 얻어지는 것이 아니다. 자식이 부모를 마땅히 알고 공경하며 살아야 하듯이 피조

물인 우리 인간은 자신을 창조한 창조주를 알고 그 뜻과 계획 대로 사는 것이 도리가 아닐까?

그녀는 그 은혜 가운데 낮아지고 낮아져 겸손해지고 평범해 졌다. 화려한 연예인의 삶을 청산하고 복음 안에서 주의 말씀 을 통해 소박하게 살아간다. 대중의 선망을 받던 대상에서 대 중 안으로 찾아가 소탈하게 대화하며 하나님의 말씀을 전하는 사람으로 살아가게 된 것이다. 그녀는 이러한 삶을 통해 가수 로서 살 때 느꼈던 정신적 공허나 불안감을 떨쳐내고 진정한 행복을 경험하고 있는 것이다.

1960년대는 여러 가지 큰 사건들이 발생해 혼란한 시기였다. 이래저래 혼란하고 어수선한 상황에서 국민들은 속병을 앓고 있었다. 정치, 경제, 사회가 모두 불안정했으며, 사회 여론마저도 불안정했다. 쌀값이 두 배 가까이 폭등한 가운데 절미항아리가 등장하고 분식이 장려되었지만 서민들의 생활은 좀처럼 나아지지 않았다.

군예대(KAS)에 소속된 소녀는 일선 장병을 위한 위문 공연에 나서 노래로 공연으로 장병들의 사기를 북돋았다. 전선으로 투입되기 직전 불안에 떠는 장병들을 전쟁의 공포에서 벗어나게 했고, 조국애와 국가관을 심어주는 핵심 역할을 했다.

가수, 배우, 작사가, 작곡가까지 동원된 종군 연예인 공연

단에서도 소녀는 막내였다. 전방을 돌아다니는 일은 고생의 연속이었다. 노래와 무용, 악극은 물론 선배들의 양말을 빨고 온갖 잔심부름도 도맡아 했다. 소녀에게 맡겨진 역할은 말 그대로 일인다역이었다.

"영숙아! 넌 목소리가 예쁘니까 자연스럽게 소리를 내봐."

선배들은 소녀를 예뻐했다. 소녀는 선배들을 따라 전방을 쉴 새 없이 돌아다니며 노래하고 춤을 추었다. 감수성이 풍부했던 소녀는 무엇이든 잘 따라했고 쉽게 터득했다. 그러는 동안 그녀는 어느새 열여섯 살이 되었고, 바닥에서부터 배운 연예 경험은 점점 무르익어가고 있었다.

미국의 원조를 받아 경제성장의 토대를 닦던 시절, 새로운 교통수단으로 버스가 등장했다. 서울에서는 치열한 생존경쟁이 벌어지는 가운데 서양 문화의 유입으로 커피와 맘보바지, 파마가 크게 유행했다.

그 당시 가요인의 못자리 역할을 담당하던 스카라 극장 앞을 그녀와 박태준이 함께 걷고 있었다.

"떨지 말고 평소에 하던 대로 노래하면 돼. 알았지?"

"예."

그녀는 즉석 오디션을 보러 가는 길이었고, 어느 정도는 자신이 있었다. 캄캄한 나무 계단을 올라가는데 악기 소리와 노랫소리가 들렸다.

그녀는 자신이 지닌 재능을 선보이듯 노래했다.

"목소리가 부드럽고 맑은 데다 음악적 재능도 있어."

녹음실 밖에서 그녀의 목소리를 들은 작곡가 전오승이 말했다. 그 곁에서 박태준은 매우 만족스러운 듯 미소를 짓고 있었다.

"거봐, 노래 잘하지? 한번 데뷔시켜보는 게 어때?"

"음, 조금만 더 들어보고."

전오승은 그녀에게 몇 가지 주문을 하면서 테스트를 계속했다. 그녀는 그의 즉각적인 요구에 호응하며 원하는 음색의 노래를 불렀다.

"좋아. 이제 이 곡조에 맞게 창법을 만들어봐요."

전오승은 자신이 작곡한 곡에 맞추어 목소리를 다듬어주었다. 그리고 자신이 작곡을 할 때 느낀 감성을 그녀에게 전달해 주었다.

"그렇지, 바로 그거야! 멜로디에 맞춰 목소리를 창출해 내는 것."

그녀는 전오승이 지도하는 대로 노래를 불렀다.

"깨끗한 창법에다 장르에 따라 발성을 달리하는 뛰어난 가 창력을 지니고 있군, 잘 다듬으면 가수로 성공할 수 있겠어."

작곡가 전오승에게는 이미 파트너를 이룬 핵심 멤버로서 나애심, 명국환, 박경원 같은 가수가 있었다. 그런데 나이 어 린 그녀가 예상보다 뛰어난 노래 실력을 보여주자 전오승은 그녀에게 점점 마음을 빼앗겼다.

"내가 써둔 곡이 하나 있는데 저 친구한테 주지. 앨범을 내 보자고."

그녀는 기쁨으로 울컥했다.

"영숙아, 앞으로 잘 모셔. 네 음반을 만들어주시겠다고 약 속하셨다."

"선생님, 감사합니다. 감사합니다."

전오승의 사무실에서 나와 을지로 3가에서 명보극장 네거 리를 걷는 동안 그녀는 아무 말도 하지 않았다. 마치 온 세상 을 다 얻은 것 같은 기분이었다.

"축하한다, 영숙아. 이제 드디어 가수로 정식 데뷔를 하게 되었구나."

"이게 모두 아저씨 덕분이에요."

그녀는 기쁨이 가득한 얼굴로 대답했다.

인천경찰악대장 박태준은 그녀에게 하늘이 내려준 은인이었다. 그와의 만남은 정말 행운이었다.

"영숙아, 아버지도 안 계시니 오늘부터 네가 내 딸 해라."

"정말요?"

순간 그녀의 눈에서 눈물이 흘러 뺨을 적셨다. 활짝 웃는 아저씨의 얼굴이 그녀의 눈 속으로 들어왔다.

"정말이죠? 정말 아버지라고 불러도 되는 거죠?"

사실 그녀는 이미 오래전부터 아저씨를 든든한 언덕처럼 여기며 살고 있었다.

"이제 가수로 데뷔도 할 거고 해서 새 이름을 지어봤다. 박재란, 어떠냐?"

"박재란이요? 박재란, 박재란… 좋아요!"

아저씨의 말에 그녀는 금방 찬성을 했다.

가수가 되기를 그렇게 바랐던 그녀는 이제 막 꿈을 향해 첫 발을 내딛고 있었다. 음반 제작을 하는 것이 누구에게나 결코 쉽지 않았지만, 그녀는 이렇게 작곡가 전오승과 특별한 인연을 시작했다.

온 나라에 재건의 바람이 불고, 사회 곳곳에서 경제성장을 위한 노력이 활발히 진행되고 있었다. 도시에는 물론 농촌, 어촌에도 재건체조라는 이름의 체조가 보급되었다. 또한 군사정부의 정책을 알리기 위해 농촌에 라디오 보내기 운동이 전개되기도 했다.

그녀는 매일 피나게 노래 연습을 했다. 다양한 리듬을 자유자재로 소화하며 첫 음반에 대한 기대로 피땀을 흘렸다. 밤늦게까지 연습을 하고 지친 몸으로 집에 돌아오면 손끝이 파르르 떨릴 정도였다. 하지만 음악에 대한 신념 하나로 모든 것을 참고 견디며 열심히 연습했다.

마침내 그녀의 첫 음반이 세상에 나왔다. 첫 앨범을 받아들자 그녀는 벅찬 감동에 울음을 터뜨리고 말았다. 그녀의 노래를 들어본 가요 관계자는 강한 자신감을 드러냈다.

"예? KBS 방송국에 출연한다고요?"

"그렇다니까. 공개방송이니까 얼른 준비해."

KBS 앞은 공개방송을 보러 온 사람들로 장사진을 이루고 있었다. 라디오에서나 들을 수 있는 유명 가수의 노래를 한자리에서 듣고 볼 수 있다는 입소문이 돌아 사람들이 떼로 몰려들었던 것이다.

이제 막 신인 가수로 이름을 올리게 된 그녀도 무대에 서기 위해 기다리고 있었다. 그녀는 몇 년 전부터 군예단 활동을 하며 여러 무대에 서왔기 때문에 나름대로 무대 경험이 있다고 자부했다. 하지만 가요계 선배들은 물론 동경하는 가수들과 함께하는 이번 자리 같은 큰 자리는 처음이나 마찬가지였다. 그녀는 대중들이 자신을 어떻게 봐줄지 생각하니 가슴이 두근거리고 얼굴이 붉게 상기되었다.

'긴장하지 마. 넌 잘할 수 있어!'

애써 마음을 다잡으려고 노력했지만, 떨리는 것만은 어쩔 수 없었다. 그녀는 대기실 거울 앞에 앉아 자신을 뚫어지게 바라보았다. 아직은 앳된 소녀가 까만 드레스를 입고 앉아 있었다. 아직 다 피어나지 않은 꽃봉오리처럼 싱그러운 얼굴, 타고난 순백의 피부와 커다란 눈, 날씬한 몸매의 아가씨가 거울 앞에 앉아 있었다.

'박재란, 넌 이제 시작이야.'

박재란.

그것은 그녀의 이름이기는 하지만 아직 익숙지 않은 이름이었다. 가수로 데뷔하며 지은 새 이름은 가수로서의 출발을 알리는 신호탄이었다.

어느덧 공연이 시작되었고, 그녀의 차례가 다가오고 있었다. 그녀의 손에 땀이 배어났다.

"다음은 요즘 새롭게 떠오르는 가수 박재란 양의 무대입니다. 박수로 환영해주세요."

후라이보이 곽규석의 소개에 따라 그녀는 무대로 걸어 나갔다.

> 럭키 모닝 모닝 모닝 럭키 모닝
>
> 달콤한 바람 속에 그대와 나
>
> 새파란 가슴에 꿈을 안고서
>
> 그대와 같이 부르는
>
> 스윙 멜로디~
>
> 랄랄라 라라랄랄라
>
> 단둘이 불러보는 럭키 모닝

그녀의 꾀꼬리 같은 목소리와 맑은 창법은 사람들에게 희망을 주며 가슴을 뭉클하게 만들었다. 그녀의 노래는 마이크를 통해 전국으로 퍼져나갔다. 맑고 청아하면서도 간드러지는 콧소리가 묻어났다. 실수는 없었다.

"저 어땠어요?"

"잘했어. 아주 잘했어."

선배 가수들은 칭찬을 아끼지 않았다.

"정말이죠? 정말이죠?"

그녀는 믿을 수가 없었다. 꿈만 같은 일이 벌어진 것이다.

'내가 이제 가수가 된 거야. 정말 가수가 됐어.'

군예대에서 활동하며 일선 장병의 사기 진작을 위한 위문 공연을 주로 해왔던 그녀가 이제 전 국민을 향해 노래를 부를 수 있게 된 것이다.

비록 시작에 불과했지만, 그녀는 마침내 소망하던 일을 이루었다. 그것을 누구보다 기뻐해준 사람은 바로 양아버지 박태준이었다.

"일찌감치 예쁘고 노래 잘하는 네가 성공할 줄 알았다만, 이렇게 무대에 선 걸 보니 정말 자랑스럽구나."

"이게 다 양아버지 덕분이에요."

"가수는 늘 행동을 조심해야 한다. 누구한테나 친절하고 예의바르게……."

"명심하겠습니다."

그녀는 스스로의 힘으로 고된 삶을 헤쳐가며 마침내 가수의 꿈을 이루었다. 앨범이 발매되자 세상이 그녀를 주목하기 시작했다. 각종 잡지와 방송의 평론가들은 그녀의 가창력과 외모를 극찬했으며, 음반은 그야말로 날개 돋친 듯 팔려나갔다. 혜성처럼 등장한 그녀는 단시간에 최고의 가수로 떠올랐다. 대중들의 반응은 뜨거웠다. 그녀는 새로운 감각으로 두각을 나타내며 가요계에 새 바람을 일으켰다.

인간의 삶을 주제로 해서 노래가 만들어졌기 때문일까? 그녀가 부르는 노래는 사람들의 생활 면면을 하나도 빠뜨리지 않고 속속들이 파헤치며 대중의 가슴을 파고들었다. 그녀의 노래는 고된 삶에 지친 국민들에게 희망과 용기를 안겨주었다. 그러는 동안 그녀는 스스로 빛나는 별이 되어가고 있었다.

# 빛나는 별들은
# 사랑을 부르고

가난하여도 성실하게 행하는 자는
입술이 패역하고 미련한 자보다 나으니라

– 「잠언」 19장 1절

아멘! 아멘!

그녀는 오늘도 새벽에 일어나 주께 기도드린다. 기도로 새벽 어둠을 열고, 기도로 입안에 고여 있던 침묵을 깬다. 기도로 주와 약속하며 기도로 주께 소망을 고한다. 그리고 아멘! 아멘! 아~ 멘! 이것은 주께서 그녀의 기도를 들으셨다는 믿음의 표시이고, 주의 약속을 지키겠다는 선언이며, 주의 뜻을 행하겠다는 다짐이다. 그렇게 기도가 믿음을 단단하게 하는 것이다.

믿음은 그녀에게 기도의 무릎을 꿇게 하고 두 손을 모으게 하며 주께 모든 것을 고하게 한다. 무엇보다 믿음은 모든 것을 뛰어넘어 믿음을 성실히 행하게 한다. 그녀가 언제나 간증하는 대로 믿음은 항상 행하는 믿음이어야 하기 때문이다.

그러므로 믿음은 언제나 믿음 생활인 것이다. 그녀는 이 성실한 믿음이 가난 중에서 그녀를 복되게 한 하나님의 은총이라고 생각한다.

그리고 그 행함 가운데는 언제나 노래가 있었다. 가난하고 고단한 나날이었지만 그 긴 시간을 견뎌내고 주를 영접하게 되기까지 그녀를 연단시킨 것은 그녀의 목소리와 노래였다. 그녀가 온몸으로 노래할 수밖에 없었던 이유 또한 그런 훈련을 거치고 나서야 비로소 주를 찬미할 수 있는 훌륭한 주의 도구가 될 수 있었기 때문이리라.

감사합니다.
하나님, 나의 구주여!
오늘도 주를 찬미하나이다.

가수들의 주요 활동 무대는 극장 쇼였다. 압도적인 인기를 누렸던 '10대 가수 쇼'를 비롯해서 스타 이름을 내건 '리사이틀'이 전국 극장이나 야간 업소에서 열려 관객들의 호응을 얻었다. 그녀의 이름이 붙는 날에는 극장 앞이 몇 시간 전부터 관객들로 인산인해를 이루었다. 가수와 관객은 무대에서 직접 만났다. 그녀의 공연이 열리는 날이면 객석은 언제나 입추의 여지가 없었다.

그러한 유명세에 걸맞게 그녀는 강행군을 해야 했다. 부산에서 공연을 마치면 쉴 틈도 없이 그날 밤으로 이동해 다음 날에는 전주에서 공연을 하는 식이었다. 한밤중에 남도의 비포장도로를, 그것도 덜덜거리는 승용차를 타고 달려가 목적

지에 내리면 다리도 제대로 펼 수 없을 정도였다. 피곤이 산처럼 쌓여갔지만, 그녀의 인기는 하늘 높은 줄 모르고 치솟고 있었다.

영화 주제가를 연습하기 위해 김광수 작곡가의 음악실을 찾은 날은 맑고 바람이 선선하게 부는 날이었다.

"안녕하셨어요?"

"어서 와. 요즘 바쁘지?"

"예, 조금……."

작곡가이자 연주가인 김광수는 그녀를 반갑게 맞았다.

"손님이 한 사람 와 있는데, 서로 인사하지. 이쪽은 내 의형제인 박운양이야. 성균관대학교 학생이지. 인사해."

열린 창문을 통해 부드러운 바람이 들어왔다. 밖은 황금빛 노을로 빛나고 있었다.

"안녕하세요? 박운양이라고 합니다."

청년은 밝게 웃었다. 키는 크지 않았지만 다부진 몸에 얼굴은 준수하고 느낌이 따뜻했다. 그는 음악과 예술에 관심이 많은 듯했다. 인사를 마친 세 사람은 소파에 앉았다.

"요즘 라디오를 틀기만 하면 노래가 나오던데, 잘 듣고 있습니다."

"아, 예. 고맙습니다."

그녀는 앞으로 흘러내린 머리카락을 오른손으로 쓸어올리며 새침한 표정으로 말했다.

"동갑내기인데 뭘 그렇게 예의를 갖춰? 서로 편하게 이야기해. 운양이는 내가 출연하는 무학성 카바레의 단골손님이야. 믿을 만한 친구지."

"오늘 연습할 노래는 뭔가요?"

그녀는 얼른 화제를 돌렸다.

"최무룡, 조미령, 김지미가 주연을 맡은 영화 〈장마루촌의 이발사〉 삽입곡이야."

"영화는 어떤 내용이에요?"

"가슴 아픈 사랑 이야기지 뭐. 6·25 때 남침한 북한군에 납치되었다가 구사일생으로 살아나는데, 애인이 한때 오해를 했다가 나중에 모든 것을 이해하고 더욱더 열렬히 사랑하게 된다는 이야기야."

김광수와 이야기를 나누는 동안 그녀의 시선은 이상하게도 청년에게 가 있었다. 청년 역시 그녀에게서 눈을 떼지 못했다. 두 사람 사이에 뭔가 야릇한 기운이 전해지고 있었다.

"저기, 나 그만 일어나야겠어."

"아니, 왜? 조금 더 있다 가지. 거의 다 됐어. 한두 시간 정도면 끝날 텐데."

"아니야. 오늘은 이만 가야 할 것 같아. 학교 과제를 다 못해서 말이야. 박재란 씨, 다음에 또 봐요."

"예. 안녕히 가세요."

그녀는 일어나 가볍게 목례를 했다.

"쟤가 재란 씨한테 관심이 있는 모양이네. 저렇게 허둥지둥하는 걸 보니."

"관심은요. 어서 노래 연습이나 해요."

그녀는 그렇게 말은 하면서도 부끄러워 얼굴을 붉혔다. 커튼 사이로 파랗게 저물어가는 하늘이 살짝 보였다. 노래 말고는 어느 것에도 관심이 없던 그녀의 마음에 알 수 없는 감정이 일고 있었다. 알 수 없는 흔들림이었다.

"슬프고도 아름다운 선율의 주제가를 꾀꼬리처럼 아름다운 목소리로 부르니까 더 좋은데?"

김광수는 그녀의 노래를 듣고 만족한 표정으로 말했다.

"조금만 더 연습하고 바로 녹음을 하지."

"예."

그 뒤, 그녀가 대학생 청년을 다시 만난 것은 역시 영화 주제가를 녹음할 때였다.

"재란 씨는 화사하고 따뜻한 이미지로 노래해서 좋아요. 트로트 가수처럼 바이브레이션을 하지 않고 깨끗하고 밝게 부르시더군요."

청년은 늘 그녀를 응원하며 힘을 보태주었다.

"고마워요."

집으로 돌아가는 길에 청년이 데려다주었는데, 그녀는 그것이 싫지 않았다.

"재란 씨는 저기 저 별 같아요. 가장 빛나는 별!"

청년의 말에 그녀는 하늘을 올려다보았다. 별들이 무리지어 반짝이고 있었다.

두 사람은 긴 이야기를 나누었다. 동갑내기로 생각도 많고 하고 싶은 것도 많았지만 행동이 자유로울 수 없는 연예인이어서 두 사람의 감정은 더욱 돈독했다. 둘은 이야기가 잘 통하는 친구였고, 마음이 통한다는 것은 참 기쁘고 즐거운 일이었다. 그래서일까. 그날 밤하늘의 별은 정말 아름다웠다. 청년은 그녀의 가슴을 뛰게 했고, 쫓기는 생활 속에서 위로가 되어주었다.

그녀는 부자가 되었다. 어렵던 가정 형편이 그녀의 성공으로 크게 나아졌다. 먹는 것에서부터 입는 것까지 이전과는 전혀 다른 삶이 펼쳐졌다. 어머니를 비롯한 형제들의 삶까지 달라졌다.

그녀는 복 많은 여자라고 할 만했다. 꿈이었던 가수가 되어 입고 싶은 것, 하고 싶은 것, 어느 것 하나 부족함 없는 생활을 누리게 된 것이다. 새로 마련한 집에는 옷 방까지 꾸며놓았다. 옷 방에 걸려 있는 옷들은 대개 디자이너 앙드레 김이 손수 만든 옷이었다. 그녀는 노래 실력이 뛰어났을 뿐만 아니라 패션에서도 타고난 감각을 보여주었다. 그녀는 대중들에게 패션을 주도하고, 새로운 스타일의 노래를 부르는 가수로 인식되고 있었다.

하지만 전투를 치르듯 몇 날 며칠 동안 계속되는 공연에 그녀의 몸은 지쳐가고 있었다. 공연 요청과 잡지사의 화보 요청으로 전화벨이 쉴 새 없이 울려댔다. 그녀는 가수로서뿐 아니라 스타로서 대중들에게 인기가 많은 연예인이었다. 대중들은 그녀의 사진이 실린 잡지를 주저 없이 구매했다. 그래서 방송 출연과 군대 위문 공연, 극장 공연 등으로 정신이 없는 가운데서도 어떻게든 시간을 내서 잡지 화보를 찍었다. 연예계 소식은 주로 월간 오락지를 중심으로 소통되고 있었다.

그녀의 하루하루는 살인적인 스케줄로 채워졌다. 많은 사람들 앞에서 밝게 웃으며 노래하고 대중들의 사랑을 듬뿍 받으면서도 순간순간 고독이 밀려들었다. 그녀는 존재의 가장 근원적인 부분에서부터 고독감을 느끼고 있었다. 유명세를 타면 탈수록 주변에서 멀어져가는 인간관계로 인해 그녀는 고독했다. 무엇보다 몸이 몹시 피곤했다. 그럴 때 청년이 그녀 옆에 있었다.

거울 앞에는 종류별로 메이크업 도구가 펼쳐져 있고 바닥에는 커다란 옷가방과 트렁크 한 개가 놓여 있었다. 그녀는 머리를 다듬는 사이 얼른 눈을 감고 잠을 청했다.

"잠깐만 눈 좀 붙일게요."

잠시 후 무대에 선 그녀는 밝은 모습이다. 희망의 메시지가 담긴 '럭키 모닝', '푸른 날개'를 부른다. 건강한 보이스 컬

러와 경쾌한 노래에 관객들이 흥겨워하며 환호를 보낸다.

아무리 서러운 슬픔은 많아도

가슴을 털어놓고 노래합시다

하늘도 푸르고 마음도 즐거워 청춘의 푸른 날개여

비둘기 훨훨 날개를 치며

꾸룩 꾸룩 꾸룩꾸룩꾸룩 사랑합니다

우리네 청춘도 다 같이 춤추며 청춘의 푸른 날개여


"나는 사람들의 환호를 먹고 사나봐. 노래만 하면 힘이 생기니 말이야."

대기실에 메이크업을 수정하고 액세서리를 맞춰 보며 그녀가 말했다. 그녀는 다시 노래를 부르러 무대로 향했다.

방송을 끝내고 집에 돌아왔을 때였다. 어머니는 오밀조밀한 식탁을 부챗살처럼 펼쳐놓고는 뭔가 이야기를 하고 싶어 하는 것 같았다.

"엄마, 무슨 할 말 있으세요?"

"……."

"또 무슨 부탁인데요?"

"그게 말이다. 절의 공사 대금이……."

어머니는 가뜩이나 예민하고 날카로워져 있는 딸의 심기를 거스르지 않으려고 조심스럽게 입을 열었다. 하지만 더 이상 말을 잇지 못하고 입을 다물었다. 어머니가 못 다한 말 속에 담긴 이야기를 그녀는 알고 있었다.

"너도 힘든데 그런 일로… 지가 알아서 해야지."

그녀의 피곤한 기색을 눈치챘는지 어머니는 갈팡질팡했다.

"불공을 드리려고 절을 짓는데 당연히 도와야죠. 얼마나 필요하다는데요?"

"그게… 그러니까……."

그녀의 집안은 불교에 심취해 있었다. 가수로 성공해서 승승장구하던 그녀에게 사찰을 지어 봉양하는 것은 그리 어려운 일이 아니었다.

"돈이 얼마나 필요한지 이모한테 말하라고 하세요. 준비해서 드릴게요."

그녀의 이모는 불가에 귀의해 절에서 수행했으며, 한 사찰의 주지를 맡고 있었다. 그녀의 어머니는 그 절에서 보살로 일하며 절간 살림에 깊이 관여하고 있었다. 그래서 자연스럽게 불가의 가르침에 더 깊이 빠져들었고 깊이 믿게 되었다. 이런 외가의 영향으로 그녀도 어린 시절부터 불교적인 생활 습관과 사고방식에 익숙해졌다. 그녀는 집안의 중요한 일이나 자신에게 중요한 일들, 이를테면 새 앨범을 내는 일 같은 큰일이 있을 때면 절을 찾아 불공을 드리는 것을 당연하게 여겼다.

네 번째 이야기

# 청춘의
# 푸른 날개여

그러므로 누구든지 이 어린 아이와 같이
자기를 낮추는 사람이 천국에서 큰 자니라 또 누구든지
내 이름으로 이런 어린 아이 하나를 영접하면 곧 나를 영접함이니

– 「마태복음」 18장 4~5절

샬롬!

초대의 목소리가 들린다. 그녀는 성경을 조심스레 펼치고 한 구절 한 구절 정성스럽게 읽기 시작한다. 성경을 읽으며 내면에서 퍼지는 주의 말씀과 그 말씀에 화답하는 자신의 목소리를 듣는다.

"주가 부르시는 소리는 언제나 어린아이를 부르는 목소리처럼 따듯합니다. 주의 손길은 아이의 머리를 쓰다듬는 손길처럼 부드럽습니다. 주의 부르심과 손길이 우리를 아이와 같이 순결하게 합니다. 우리를 세상의 길에서 불러내 주의 길에 서게 하시고 즐거움으로 노래하게 하십니다. 제 영이 어린아이와 같이 되고 그 영을 맞이하는 것이 주를 맞이하는 것임을 제가 믿습니다. 아버지시여, 아버지시여, 주의 이름으로 저의 어린 영혼을 맞이합니다. 제가 여기 있습니다. 주만 바라는 어린아이가 되어 여기에 있습니다."

그녀는 그것이 평화가 깃드는 시간이라고 생각한다. 주의 말씀으로 어린아이와 같이 맑아지고 거기에 자리한 고요에 귀가 트인다. 주의 말씀이 한 장한 장 펼쳐질 때마다 그녀는 자신의 손을 잡아주는 주의 손길을 느낀다.

주의 말씀은 그렇게 무게를 가지고 두께를 가지며 그녀를 어루만진다. 주와 늘 함께하는 것을 느끼기 위해서는 주의 말씀을 고요 속에서 읽으리라. 그러한 고요 속에서만 주의 속삭임과 같은 부르심이 들릴 것을 아는 그녀는 숨바꼭질하며 자기를 찾아주길 기다리는 어린아이처럼 방에 숨듯이 앉아 말씀을 읽는다. 말씀을 읽으며 그녀는 여기에 있다.

그녀의 노래는 한번 잘살아보고 싶은 서민들에게 그들의 애환을 위로하며 힘을 실어주었다. 다양한 리듬을 자유자재로 소화하는 그녀의 목소리에는 예술적 감수성이 배어 있었다. 그녀는 가는 곳마다 단번에 청중들의 마음을 사로잡았고, 내는 앨범마다 대중 속을 파고들었다. 흥행사들 사이에는 박재란 포스터만 붙여도 흥행은 떼어놓은 당상이라는 소문이 파다했다. 전국을 누비는 '박재란 쇼'에는 언제나 몰려드는 관객들로 발 디딜 틈이 없었다. 라디오에서는 그녀의 노래가 쉴 새 없이 울려퍼졌다.

'한 번이라도 잠을 좀 푹 자봤으면…….'

그녀의 인기는 걷잡을 수 없이 치솟았다. 그에 걸맞게 그녀는 자신감 넘치고 당당하고 똑똑한 반면 성격은 차츰 까칠해져갔다.

새처럼 가벼워야 할 청춘이건만 그녀는 일에 갇힌 채 무거운 시간을 보내고 있었다.

"여보세요. 박재란 씨죠?"

"예."

"저는 박성호 감독이라고 합니다. 영화 〈비 오는 날의 오후 세 시〉에 가수 손시향 씨와 함께 특별 출연해 주제가도 부르고 연기까지 선보이셨더군요. 아주 잘 봤습니다."

"어머나, 그 영화를 보셨어요?"

"그럼요. 그래서 말인데요, 이번에 제가 찍는 영화 〈천생연분〉의 여주인공으로 박재란 씨를 캐스팅하고 싶어 이렇게 연락했습니다."

수화기 건너편의 목소리가 조심스럽게 말했다.

"예? 주인공이라고요?"

얼굴이 보이는 것도 아닌데, 그녀는 마치 표정을 들키지 않으려는 듯 꾹꾹 눌러 물었다.

"예. 어떠세요? 작업을 함께할 뜻이 있으신지요?"

"어떤 영화인지……."

"자세한 건 만나서 얘기를 나누고 싶군요."

"알겠습니다."

그녀에게 영화는 또 다른 도전이었다. 무대에서는 노래를 부르는 가수지만 영화배우로서 연기를 해보는 것도 나쁘지 않겠다는 생각이 들었다. 그래서 까다롭기로 소문 난 그녀였지만 출연 제의를 주저 없이 받아들인 것이다. 그녀는 정형화된 이미지를 탈피해 풋풋하면서도 자유로운 분위기를 표현해 보고 싶었다.

〈천생연분〉은 그녀를 비롯한 최남현, 방수일, 곽규석, 주선태가 주연을 맡았으며, 희극적인 멜로의 경향을 잘 보여주는 영화였다. 그러나 그녀에게 배우 일은 결코 만만치 않았다. 혼자 노래하는 가수 생활과 한 작품을 위해 감독과 배우, 스태프가 어울려 소통을 해야 하는 영화는 환경부터 달랐다. 그녀의 까칠한 성격은 어디에서나 튀었고, 그 때문에 갈등을 빚기도 했다. 그래서일까. 열심히 촬영을 했지만 흥행 면에서는 높은 점수를 받지 못했다.

여전히 그녀는 하루도 쉴 수가 없었다.

"이번에 전방 위문 공연이 있는데, 갈 수 있겠어?"

"가야죠."

매니저를 따로 두고 활동하던 시절이 아니었기 때문에 그녀는 모든 스케줄을 스스로 관리했다. 위문 공연이 펼쳐지는 무대는 해당 지역의 학교 운동장이나 강당이었고, 지역 주민과 군인들의 호응은 매우 뜨거웠다. 그녀는 식을 줄 모르는 인기 덕분에 가수 청백전 등에 단골로 출연할 정도가 되었고, 군 장병들에게도 최고의 가수로 꼽혔다.

"좀 쉬면서 하는 게 어떨까? 몸도 좀 생각해야지."

"아니에요. 나를 원하는 곳이라면 당연히 가야죠."

주변에서는 그녀의 건강을 걱정했지만, 그녀는 하루에 무려 30곡의 노래를 연습하고 취입을 했다. '물새 우는 내 고향', '밀짚모자 목장 아가씨', '산너머 남촌에는', '소쩍새 우는 마을', '진주조개잡이', '맹꽁이 타령' 등으로 히트를 이어나갔다. 특히 놀라운 점은 그녀가 음악적으로 대단히 폭넓은 장르를 소화내고 있었다는 것이다. 민요풍 노래에서 팝의 곡조를 띤 노래까지, 푸근한 서민적 노래에서 세련된 도시적 노래까지 그녀의 음악적 성취는 참으로 넓었다. 그만큼 그

녀는 노래 실력이 뛰어났고, 음악과 곡에 대한 해석력도 탁월
했다. 당연히 많은 작곡가들의 러브콜을 받았고, 그녀는 스스
로 잘났다고 여겼다.

　　　목숨보다 더 귀한 사랑이건만
　　　창살 없는 감옥인가 만날 길 없네
　　　왜 이리 그리운지 보고 싶은지
　　　못 맺을 운명 속에 몸부림치는
　　　병들은 내 가슴에 비가 내리네

　　　서로 만나 헤어진 이별이건만
　　　맺지 못할 운명인 걸 어이하려나
　　　쓰라린 내 가슴은 눈물에 젖어
　　　애달피 울어봐도 맺지 못할 걸
　　　차라리 잊어야지 잊어야 하나

　이 노래 '님'은 레코드가 시중에 나오자마자 품절되는 최
고의 판매 기록을 세웠다. 이 노래는 특히 작사가 차경철의

뛰어난 노랫말로 더욱 주목을 받았다. 노랫말 중에 나오는 '창살 없는 감옥'을 타이틀로 해서 영화도 제작되었다. 당연히 매스컴에서 큰 화제를 불러일으켰고, 방송과 영화, 음반과 공연을 통해 큰 인기를 누리며 전국을 누볐다. 여러 가수들이 함께 부른 옴니버스 음반에서도 재킷 사진은 바로 그녀의 얼굴로 장식됐다.

그녀는 부족함 없이 확신에 차서 지냈다. 하지만 눈코 뜰 새 없이 바쁜 무리한 일정으로 인해 몸은 점점 망가져갔다. 그럼에도 노래에 대한 열정만은 좀처럼 식지 않았다. 그녀는 일을 시작하면 정신없이 몰입하는 유형이었다.

"애야, 병원에 가봐야 하지 않겠니?"

매일매일 약으로 버티는 그녀에게 어머니가 걱정스러운 얼굴로 말했다.

"무대에서 생긴 병이니까 무대에서 치유될 거예요. 너무 걱정 마세요."

그녀는 그렇게 어머니를 안심시켰다. 노래야말로 어려움을 이겨내게 하는 치료제이자 면역력을 키워주는 힘이라고 그녀는 믿고 있었던 것이다.

그러나 얼마 후 문제가 불거지기 시작했다. 생활 주기가 전과 다름없는데도 부쩍 피곤한 데다가 잠을 푹 자도 영 개운치 않았다.

"어서 병원에 가서 검사를 받아보자."

어머니는 무엇보다도 그녀의 건강이 걱정이었다.

"예, 그럴게요."

이번에는 그녀도 어머니의 말대로 병원에 가보았다. 검사가 끝난 뒤, 하얀 가운이 유난히도 잘 어울리는 젊은 의사가 냉정을 유지하면서도 안타까움을 완전히 감추지 못한 채 입을 열었다.

"이렇게 몸을 혹사하시면 어떡합니까? 몸의 면역력이 떨어진 상태에서 피로와 스트레스에 노출되어 만성피로증후군에다가 폐도 많이 안 좋습니다."

"저, 얼마나 안 좋은가요?"

그녀의 입에서 힘없는 목소리가 흘러나왔다.

잠시 침묵이 흘렀다. 밖에서는 진료를 기다리는 환자들이 수런거리고 있었다.

"충분한 휴식이 필요합니다. 무리하시면 절대 안 돼요. 우선 약을 좀 처방해드리지요."

애써 담담히 말하려고 노력하는 의사와는 달리 그녀의 마음은 걷잡을 수 없이 가라앉았다. 그녀는 꾸벅 고개를 숙여 인사하고는 천천히 진찰실을 빠져나왔다.

하늘이 아주 파랬다. 지독히 외로웠다. 돌이켜보면 어려서부터 그녀는 아팠고, 가난했고, 외로웠다. 그런데 지금 느껴지는 외로움은 그것과는 달랐다. 그 근원적인 외로움 속에서 사랑은 그녀가 도망칠 수 있는 유일한 길이었다.

"운양 씨, 잠깐 시간 낼 수 있어?"

청년을 만나러 가는 길에 그녀는 엄마 손을 잡고 부지런히 걸어가는 어린아이를 보았다.

'아, 예쁘다. 정말 예쁘네.'

청년은 찻집 창가에 앉아 있었다.

"어제 딱 한 시간 잤어. 이러다 무대 위에서 잠들어버릴 것 같아."

그녀는 그동안 틈이 날 때마다 청년과 만나왔다. 청년은 그녀의 긴 이야기를 들어주고 조언도 아끼지 않았다.

"우리 결혼하자."

"……."

청년은 그녀를 바라보았다. 두 사람의 연애가 8년 지속되는 동안 청년은 그녀의 남모르는 아픔까지 감싸안는 깊은 사랑을 보여주었다.

"빨리하자, 우리."

청년이 잇몸을 드러내며 환히 웃었다.

"결혼?"

순간, 그녀는 선뜻 대답하지 못하고 망설였다. 결혼을 한다면 당연히 청년과 해야겠지만, 왠지 낯설었다. 정신없이 앞만 보고 달려오면서 그녀는 연예인에게 흔하디흔한 스캔들 한 번 낸 적이 없었다.

"내가 네 옆에서 외롭지 않게 해줄게."

한 인생에서 다른 인생으로 빠져나가고 싶은 욕망이 몸으로도 느껴지는 것일까? 그녀는 청년의 말에 흔들리고 있었다. 청년은 성실했고, 그녀를 늘 이해해주었으며, 각계 전반에 대해 광범위한 지식을 갖춘 사람이었다. 두 사람은 그동안 허물없이 많은 이야기를 나누었고, 무척 가까워져 있었다.

"생각해볼게."

그렇게 대답하고 집으로 돌아와, 그녀는 다른 날과는 달리 깊은 생각에 잠겼다.

'내가 결혼할 나이가 된 건가?'

지난밤을 하얗게 밝혀버린 많은 생각들이 아침 햇살에 이슬처럼 고개를 떨구고 있었다.

1966년 6월 17일, 두 사람은 남은 생애를 함께하겠다는 약속을 마음에 품고 천도교 예식장에서 화촉을 밝혔다. 뜨거운 열애와 성대한 결혼식, 가수로서 거둔 큰 성공과 그에 따르는 부까지 모든 것을 손에 넣은 그녀는 행복의 정점에 선 듯 행복했다.

# 산산이
# 부서지는
# 이름이여

인자가 온 것은 섬김을 받으려 함이 아니라 도리어 섬기려 하고
자기 목숨을 많은 사람의 대속물로 주려 함이니라

– 「마가복음」 10장 45절

호산나!

성전에 들어서면 우리는 가장 먼저 십자가와 마주하게 된다. 성전에 들어서면 그녀는 고개를 들어 십자가를 바라본다. 잠시 그렇게. 그러고는 자리를 찾아 앉으며 다시 십자가를 바라본다. 언제나 하는 행동이지만 그녀는 지금까지도 매번 십자가만 보면 가슴이 떨린다.

십자가의 성스러움은 십자가에서 우리 죄를 대속하신 예수 그리스도가 매달려 피 흘리심에 있으며, 더 나아가 십자가에서 내려와 부활하심에 있다는 것을 십자가를 볼 때마다 다시금 떠올리게 되기 때문이다.

우리의 섬김을 받기에 충분하신 주께서 우리를 섬기기 위해 이 세상의 가장 낮은 곳에 몸소 오셨다는 것을 그녀는 정말 감사하게 생각한다. 또한 보잘것없는 그녀의 죄를 위해 주가 지금도 그녀를 섬기고 구원하기 위해 성전에 머무르시고 있다는 것을 느낀다. 그녀는 그것이 구원에 대한 나름의 확신이라고 생각한다.

그녀는 그러한 확신을 부어주시는 성령의 은혜를

맞으며 십자가 앞에서 찬양한다. 사람들 앞에서 찬양으로 주가 여기에 계심을 간증한다. 그때 그녀가 부르는 노래는 아주 오래된 노래지만 오래도록 우리가 불러온 노래다.

"구원은 여호와께 있사오니 주의 복을 주의 백성에게 내리소서"(「시편」 3편 8절)

그 노래에 깃든 믿음이 그녀를 일으켜세우는 것을 그녀의 간증을 듣는 모든 이들이 볼 것이다.

호산나! 십자가 앞에서 주를 부르며 우리는 기쁘게 주를 만날 것이다.

신혼집은 서울 후암동의 100평이 넘는 집에서 출발했다. 결혼을 한 뒤에도 섭외는 끊이지 않았다. 게다가 얼마 지나지 않아 두 사람의 사랑의 열매인 예쁜 딸까지 태어났으니 이보다 더 좋을 수는 없었다. 그녀는 시간이 날 때마다 절을 찾아 불공을 드리며 행복이 계속되기를 기원했다.

산너머 남촌에는 누가 살길래
해마다 봄바람이 남으로 오네
아 꽃피는 사월이면 진달래 향기
밀 익은 오월이면 보리 내음새
어느 것 한 가진들 실어 안 오리

남촌서 남풍 불 때 나는 좋대나

가사가 매우 아름답고 깔끔한 이 노래는 시인 김동환의 시에 조두남이 곡조를 붙였다. 그녀는 흥겹게 노래하며 영원히 행복할 것이라 믿었다. 하지만 정말 알 수 없는 것이 인생이다. 그녀의 결혼 생활에 점점 짙은 안개가 끼기 시작했다. 처음에는 잠깐이겠거니 생각했지만, 상황은 계속 더 나빠져서 그 속에서는 사물을 정확히 헤아릴 수 없다는 느낌이 들 정도가 되었다.

한 인생에서 다른 인생으로 건너온 지 겨우 7년, 그녀는 남편과 수없이 싸우며 수많은 밤을 낙담으로 지새웠다. 모든 게 물 흐르듯 자연스럽게 풀려갈 줄 알았던 그녀의 인생에 생각지도 않은 파도가 밀어닥쳤다. 그녀는 자신의 인생이 이렇게 빗나가리라고는 차마 생각지도 못했다.

"아가! 내 사랑하는 아가! 이 엄마는 어쩌면 좋니?"

어여쁜 두 딸을 보면 슬픔이 더했다. 그녀의 눈에 눈물이 고였다. 눈물 때문에 잠시 모든 것이 흐릿해 보였다.

그녀는 잠자고 있는 두 아이를 내려다보았다. 꿈나라를 여행하는지 두 아이는 천사 같은 모습으로 잠들어 있었다.

'이 아이들에게 예쁜 옷을 해 입히고, 맛있는 음식을 만들어주고, 손을 잡고 함께 거리를 걸으며 행복하게 살고 싶었는데…….'

그녀는 어지러운 생각 끝에 동료 가수 한명숙에게 전화를 걸었다.

"진정해, 재란아. 무슨 일이야?"

"이 먼 데까지 하루도 빠짐없이 빚쟁이들이 새벽부터 와 있어. 그런데도 이 남자는 어디 있는지 연락도 없고!"

그녀는 그동안 후암동의 번듯한 2층집을 팔아 단층집으로 이사했고, 이제 마지막으로 온 곳이 갈현동 전셋집이었다. 옷방을 장식했던 값비싼 드레스들도 팔아치운 지 오래였다. 전셋집에 가져온 짐은 그녀가 가수로 첫발을 내디딜 때보다 초라했다. 옆에서 일을 도와주는 사람도 세 사람에서 한 사람으로 줄었다. 그녀는 그동안 쌓아온 부를 거의 잃은 상태였다.

'난 뭔가? 내 결혼은 왜 이 모양이지?'

언젠가부터 결혼의 성패에 대해 알고 싶었지만, 아니 정확히 말하면 결혼 생활이 무모한 것임을 알고 있었지만, 실패에 익숙하지 않았던 그녀는 실패를 거부했다. 남편, 아이들과 어떻게든 잘 살아보려고 애썼다.

'그 사람은 왜 그럴까?'

그녀는 남편에게 사업보다는 뭔가 안정적인 일자리를 찾는 게 좋을 수도 있을 거라고 말했지만 모두 거절당했다. 남편은 그녀의 재산을 밑천으로 사업을 하면 큰돈을 벌 수 있을 거라고 그녀를 설득했다.

"이번에 내가 하는 영화 사업은 분명 성공할 거야."

"하지만 그 일은……."

그녀의 만류에도 남편은 영화 사업을 시작했고, 막상 사업에 뛰어들자 여러 문제가 발생했다. 남편이 기획하고 추진하는 영화들은 대부분 작업을 마치지도 못했고, 흐지부지되기 일쑤였다. 당연히 투자한 돈을 회수하지 못해 그대로 적자였다. 그녀는 처음에는 남편이 사회 경험이 없어서 실패했다고 생각했다. 하지만 무엇보다 큰 문제점을 그녀는 간과하고 있었다. 남편은 다른 사람들의 부탁을 쉽게 거절하지 못하는 성격의 소유자로 성공하지 못할 작품에 계속 투자를 했던 것이다. 결국 남편이 손대는 영화마다 적자를 면치 못했고 빚은

눈덩이처럼 커져갔다.

그녀는 남편 생각만 하면 가슴이 울렁거렸다. 그것은 거친 파도였다. 울렁울렁 넘치다가 무섭게 가슴에 부딪쳤다. 그녀의 가슴은 그렇게 천 갈래 만 갈래로 찢기고 있었다. 모든 상처와 고통을 오롯이 그녀가 감당해야 했다.

그녀는 빚을 갚기 위해 스케줄을 더 많이 잡았다. 그녀의 스케줄은 지방 공연 등으로 빼곡 하게 채워졌다. 그래서 집을 비우는 날이 잦아졌고, 그 결과 아이들과도 소원해지고 남편과 만나는 시간도 적어졌다. 두 사람 사이의 대화는 점점 줄어들었고, 남편은 마음을 잡지 못한 채 계속 밖으로 돌았다.

그러는 동안에도 남편의 사업 실패는 계속 이어져 그녀의 힘으로 어떻게 막아볼 수 없는 단계에 도달했다. 결국 그녀는 남편의 빚을 갚기 위해 전 재산을 쏟아부어야만 했다. 그녀는 눈을 부릅뜨고 이를 악문 채 눈물을 참았다.

그 후로도 그녀는 빚쟁이들에게 채무 이행 요구를 받는 굴욕적인 일들을 수없이 혼자 감당해야 했다.

"죄송합니다. 곧 갚겠습니다. 조금만 기다려주세요."

그녀는 고개를 숙이며 선처를 호소했다. 하지만 견디는 데도 한계가 있었다. 빚을 갚으며 살아갈 정신적 여력도 바닥을 드러내기 시작했고, 가수로서의 자부심도 찾아보기 힘들었다. 하지만 그녀는 살기 위해 무대에 섰고, 무대 위에서는 여전히 스타였다. 그렇게 해서 받은 공연비는 이전에 받았던 것과는 전혀 다른 느낌으로 다가왔다. 그것은 절대 희망의 무게로 느껴졌다.

하지만 남편과의 관계는 멈추지 않는 두통처럼 몰려와 답답함으로 이어졌다. 이제 더 이상 어쩔 수 없는, 더 이상 대책 없이 어리지도 않은 어른으로서 겪는 어쩔 수 없는 종류의 고통이었다. 몸의 통증과는 달리 그것은 죽는 순간까지 익숙해지지 않을 통증이었다.

어느 날, 그녀는 동료들과 저녁 식사를 하러 식당으로 들어갔다.

"안녕하세요?"

오래전부터 집에 자주 드나들던 남편의 후배가 다가와 인사를 건넸다.

"오랜만이에요."

"알고 계시죠?"

"뭘요?"

후배의 말에 그녀는 당황해서 거듭 물었다.

"무슨 일을요? 무슨 일인데 그래요?"

"모르셨어요? 형이 곧 해외로 나간다는 거."

그녀의 얼굴빛이 금방 포도주 빛깔로 변했다. 기가 막혔다. 너무 불행하게 느껴졌다. 과거도 미래도 사라지면서 말로 표현할 수 없는 어떤 것이 그녀를 짓눌렀다.

"그 사람, 지금 어디 있어요?"

"그건 저도 정말 모릅니다. 하지만 메시지는 전달해드릴 수 있어요."

"그럼 당장 만나자고 전해줘요."

식당에서 여러 가지 음식을 시켰지만, 그녀는 음식을 입에 댈 수 없었다. 집에 돌아와서도 한자리에 가만있지 못하고 서성댔다. 가슴이 자꾸만 두근거렸다. 그녀는 손을 가슴을 얹어 문질렀다. 그녀는 이미 지쳐 있었다. 지친 모습을 어디에서나 볼 수 있었다. 거울 속에도 창문 속에도, 무엇이든 사물을 반사하는 물체 속에는 절망에 잠긴 그녀의 지친 모습이 비치고 있었다.

다음 날, 남편은 당당하게 집으로 들어왔다.

"뭐? 내 후배한테 나하고 이혼한다고 했다면서?"

어처구니없는 남편의 태도에 그녀의 얼굴에서 핏기가 사라졌다. 눈물이 났다. 그녀는 어려운 순간이면 늘 눈물부터 쏟아졌다. 아직도 소녀처럼 그렇게 울었다.

"이혼? 그게 말이 돼? 난 절대 이혼 못해!"

남편의 말에 그녀는 헛웃음이 나오는 걸 간신히 참으며 소리쳤다.

"당신 외국 나가려고 비자 신청한 거 다 확인했어. 내가 그런 것도 못 알아볼 줄 알았나보지? 내가 당신한테는 그렇게 우스워 보여?"

"아냐. 그건 오해야. 뭔가 새로 사업을 해보려고 한 거였단 말이야."

"사업? 무슨 사업? 나, 이젠 당신 말 더는 못 믿어. 우린 끝이야."

"애들은 어떻게 해? 애들은?"

그녀는 도대체 이 남자가 어디까지 바닥을 보여주려 하는지 알 수 없었다. 순간 아이들의 모습이 눈에 밟혔지만, 남편의 배신에 넌더리가 났다. 아이들의 얼굴이 남편의 얼굴과 겹쳐졌다. 그녀는 눈을 질끈 감았다.

"당신 아이들이잖아. 당신이 책임지고 키워. 지금까지 아빠 노릇 못한 거 앞으로… 앞으로 잘해."

그렇게 말을 내뱉고 나니 자신의 인생이 끝났다는 게 느껴졌다. 열심히 살며 쌓아온 모든 것이 산산이 부서지고 있었다. 참담하고 비참했다.

남편의 분노가 연기처럼 피어오르는 것을 보면서 그녀는 더욱 절망했다. 지금까지 쌓아온 밝고 건강한 이미지는 이제 더 이상 그녀에게 없었다. 그녀는 신뢰할 수 있는 주변 사람들과 오랫동안 덧칠해 놓은 대중 앞에서의 자신의 모습이 두려웠다.

그녀는 매일 날이 새는 것을 거의 뜬눈으로 바라보았다. 엉겨붙은 핏덩이가 물속에서 풀어지듯 그렇게 흩어지는 어둠을 바라보며 좌절을 거듭했다. 매일 매일 그렇게 절망하며 혼란에서 헤어나오지 못했다.

'어떻게 살아야 할까? 어떻게?'

깊은 근심으로 가득한 나날이었다. 결혼과 이혼이 가수에게 치명적인 약점이 되던 시절, 그녀는 대중에게서 쏟아질 비난이 몹시 두려웠다. 노래를 부르기도 싫었고 음식을 먹고 싶지도 않았다. 마음과 몸이 온통 절망에 젖어 있었다. 배반에 대한 분노는 무섭게 그녀를 짓눌렀다.

새벽에 찾아온 빛은 찬란하면서도 잔인했다. 새벽빛에 부끄러운 그녀의 몰골이 양보 없이 드러났다.

"뭘 좀 먹어야 힘을 내지. 어서 이 죽 좀 먹어라."

어머니가 손을 잡으며 말했다. 그녀는 커다란 눈으로 어머니를 바라보았다. 어머니의 눈은 겁에 질려 있었다. 순간, 정신이 번쩍 들었다.

그녀는 목욕탕에 들어가 물을 틀고 온몸을 깨끗이 씻었다. 마치 절망을 씻어내듯이.

'여기를 떠나자. 아무도 모르는 곳으로 가자. 그런데 우리 아이들은?'

아이들을 생각하니 눈에서 눈물이 흘러내렸다. 그녀는 끊임없이 갈등했다. 그러면서 오랜 시간 동안 관심의 한가운데에 있었던 자신을 떼어내고 싶다는 생각을 했다. 언론을 떠들썩하게 할 이슈를 만드는 주인공 자리에서 피하고 싶었다. 더 이상 세인들의 입에 오르내리고 싶지 않았다. 무서웠다. 여기서 선을 긋고 싶었다.

'어디서부터 어디까지?'

마음속으로 질문을 던졌지만, 그에 대한 답은 별로 중요하지 않았다. 치료가 불가능한 병을 알고 체념하듯 그녀는 결혼생활에 대해 체념했다. 체념하는 순간 그녀는 패배했다. 그렇게 패배함으로써 그녀는 가수로서의 인기를 포기했고, 눈물에 잡아먹혔으며, 그를 놓았다.

… 그렇게 된 것이다.

# 새로운
# 시작의 끝

죄를 짓는 자는 마귀에게 속하나니 마귀는 처음부터 범죄함이라
하나님의 아들이 나타나신 것은 마귀의 일을 멸하려 하심이라

– 「요한서」 3장 8절

할렐루야!


죄는 언제나 우리를 유혹한다. 유혹은 우리가 자신만을 믿을 때, 우리의 교만이 정신을 갉아먹기 시작할 때부터 시작된다. 아니, 사실 유혹이 다가올 때 이미 우리는 죄와 함께 있다.

그녀는 자신의 삶을 돌아볼 때 자신의 교만이 어떻게 자신을 나약하게 만들었는지, 어떻게 자신을 파멸로 이끌었는지 되돌아보며 주께 회개한다. 그때는 몰랐던 것을 이제 알았으므로 그녀는 하나에서부터 열까지, 그러니까 주께서 아는 모든 죄를 회계한다.


우리 구주 예수 그리스도 앞에서 그 죄들은 모두 멸해지고 깨끗해지므로 주의 권능을 빌려 그녀의 몸에 깃들었던 죄의 자취를 멸하기 위해, 그리하여 다시 태어난 사람처럼, 병에서 나은 사람처럼 온전한 사람이 되기 위해 회개한다.


회개는 언제든 나약해질 수 있는 그녀의 영혼을 강하게 만든다. 주의 가르침으로, 주의 지혜로 살아가는 힘을 그녀는 이렇게 단련하고 있는 것이다. 그녀는 회개를 통해 자신이 가벼워지는 것을 느낀다.

모든 것을 주관하시는 주께서는 우리의 머리카락 수까지 세신다고 하셨다. 머리카락보다 많은 죄가 있음을 주는 모두 알고 계신다. 그러나 사랑이 많으신 구주는 그것을 멸하기 위해 우리를 기다리신다. 아니, 우리가 구하기도 전에 주께서 이미 그것을 멸하셨다. 회개는 그 멸하심에 대한 기쁨을 아는 것의 시작일 뿐이다. 그것은 천국을 여는 열쇠다.

회개하라!
천국이 가까이 왔도다!

1972년, 미국의 로스앤젤레스. 사람들에게 기회의 땅이라고 불렸던 미국 땅 중에서도 가장 많은 한국인들이 찾았던 도시. 그녀는 그 도시로 가기 위해 미국행 비행기에 올랐다. 미국에 가서 사는 것이 힘들더라도 개척자 정신으로 끊임없이 노력하며 열심히 산다면 충분이 승산이 있을 것 같았다. 그러나 그런 결심과는 달리 그녀는 기대감보다는 불안감에 시달렸다. 영어로 의사소통이 잘 안 되는 데다가 새 출발을 위한 준비를 제대로 못해 자꾸 불안했다.

비행기에서 내려 차갑고 쓸쓸하기 짝이 없는 화려한 도시에 그녀는 홀로 서 있었다. 매우 낯설고, 몹시 외로웠다.

'내가 왜 이렇게 무모한 행동을 하고 있는 걸까?'

작은 아파트에 짐을 푼 그녀는 오랫동안 목욕을 했다. 더운 물에 몸을 푹 담그고 잠을 자듯 고요히 있었다. 그녀는 늪 속에 빠진 사람처럼 신음 소리를 냈다. 노래로 살아온 그녀에게 다른 일이란 생각조차 하기 힘든 것이었다.

얼마 뒤, 그녀는 한국 사람들이 많이 사는 코리아타운에서 일자리를 찾았다. 그곳에서는 일단 한국어가 통했고, 사람들이 그녀를 알아봤기 때문이다. 그녀는 타이거라는 업소 앞에 차를 댄 뒤, 일단 규모가 상당히 큰 것을 보고 마음이 놓였다. 그녀는 사장과의 면담을 요청했다. 처음에는 무슨 일이냐고 약간 사무적으로 대하던 지배인은 그녀의 자기소개를 듣고는 곧 태도가 부드러워졌다. 그 모습을 보고 그녀는 자신감을 얻었다.

'그래, 나 박재란이야. 대한민국 최고의 가수라고.'

그녀는 사장실로 안내되었고, 사장은 반갑게 그녀를 맞아 주었다. 서글서글해 보이는 사장은 많이 배우고 머리 회전도 빨라 보이는 사람이었다.

"아니, 박재란 씨가 LA엔 무슨 일로?"

"저, 여기 살려고 왔어요."

"아, 그래요? 그럼 여기서 스테이지에 서시려고요?"

사장은 바로 그녀의 용건을 알아차렸다.

"예, 들어오면서 보니까 여기 무대 시설이나 홀 규모 등이 마음에 들더라고요. 괜찮으면 여기서 노래할 수 있었으면 합니다."

"저야 대환영이지요. 박재란 씨 같은 대스타가 저희 무대에 서주신다니 영광입니다. 그럼 저희 타이거와 전속 계약을 맺으시는 건 어떤가요? 뭐, 미국에서 사실 생각이라면 영주권 같은 문제도 있을 텐데, 전속으로 활동해주신다면 제가 영주권을 받게 해드릴 수도 있습니다."

이야기가 잘 통했다. 그녀는 일할 곳을 찾아서 좋았고, 무엇보다 영주권을 해결해주겠다는 제안에 마음이 끌렸다.

그녀는 계약을 맺고 타이거 무대에 서기로 했다. 타이거는 재빨리 박재란 쇼를 대대적으로 홍보했다. 박재란이 LA에 왔다는 소문이 순식간에 한인 사회에 퍼져나갔다.

박재란 쇼가 열리는 날에는 많은 사람들이 그녀의 노래를 듣기 위해 클럽을 찾았다. LA에는 이미 한인 사회가 조성될 만큼 한국인들이 많이 있었고, 그들은 외국에서 살아가며 겪

는 외로움을 고국의 노래 등을 통해 해소하고 있었다. 한인
사회에서 그녀를 모르는 사람은 거의 없었다. 사람들은 슈퍼
스타를 직접 보기 위해 클럽에 몰려들었다. 반응은 폭발적이
었다. 쇼가 열릴 때마다 항상 만원이었다. 마치 LA에 나이트
클럽은 타이거밖에 없는 것처럼 사람들이 몰려들었다. 가수
로서 미국에서 재기하는 것은 시간 문제로 보일 정도였다.

그녀는 무대에서 자신의 존재감을 확실히 느끼며 지칠 줄
모르고 열심히 노래했다. 이국땅에서의 열렬한 환대가 정말
기쁘고 고마웠다. 그 에너지가 그녀를 지탱시켜주었다. 그녀
는 하루도 쉬지 못할 정도로 바쁘게 무대에서 노래했지만, 전
혀 피곤하지 않았다. 이제 다시 새로운 미래가 그녀에게 열리
는 듯 보였다.

그러던 어느 날, 누군가가 문을 거칠게 두드리는 소리가 들
렸다. 밤늦게 공연을 마치고 돌아와 물 먹은 솜처럼 쓰러져
자고 있던 그녀는 얼마나 피곤했던지 초인종 소리도 잠결에
들리는 소리로 알았다. 그런데 소리는 점점 뚜렷해졌고, 도무
지 물러날 기세가 아니었다. 그녀는 깜짝 놀라 정신을 차리고
는 황급히 거실로 나가 문을 열었다.

정복을 입은 백인 두 사람이 문 앞에 서 있었다. 경찰일지 모른다고 느끼는 순간, 그들은 그녀에게 자기들과 함께 가자는 것 같았다. 그녀는 서투른 영어로 무슨 일이냐고 물으며 다소 저항의 몸짓을 취했다. 그러자 그들은 큰 목소리로 그녀에게 소리쳤다. 그때 그녀가 알아들은 말은 '이미그레이션'이라는 말이었다. 그 말을 듣는 순간 그녀의 몸에서 힘이 쭉 빠져나가는 것 같았다. 이민국에서 온 사람들이었던 것이다.

'어떻게 된 거지? 뭔가 일이 잘못된 것 같아.'

그녀는 여권을 챙기고 옷을 갈아입을 수 있게 해달라고 요구했다. 그녀가 순순히 따라나설 것으로 판단한 이민국 직원들은 그 요청을 들어주었다. 졸음이 채 가시지 않은 그녀의 눈에 눈물이 고였다. 그녀는 이를 악물고 터져나오는 울음을 참았다.

옷을 갈아입고 여권을 챙긴 뒤 이민국 차에 실려 이민국 사무소 유치장에 도착할 때까지 그녀는 아무 말 하지 않았다. 그녀는 자신에게 무슨 일이 일어난 것인지 찬찬히 되짚어보았다. 타이거의 사장이 그녀의 미국 체류를 위해 처리해야 할 서류를 이민국에 제출하지 않은 게 분명했다.

'어떻게 나한테 이럴 수가 있지?'

그녀는 그곳에서 최고의 공연을 펼치기 위해 열성을 다해 왔다. 그리고 분명 사장은 영주권을 받을 수 있게 해준다고 하지 않았는가.

창살 밖에서 들어오는 햇빛이 낯설었다. 그녀는 벽에 기댄 채 바닥에 앉아 있었다. 시선을 돌리면 두꺼운 검은색 철창이 앞을 가로막고 있었다. 다운타운의 마트에서 식료품과 생필품을 살 때도, 차를 운전해 정원이 잘 가꾸어진 주택가를 지나갈 때도 느껴보지 못한 슬픔과 외로움이 그녀를 점점 더 무섭게 엄습해왔다.

'이 낯선 땅에 결국 나는 혼자구나.'

그녀는 자신이 먼 땅에 와서 살고 있다는 것을 깊이 느꼈다. 다운타운과 나이트클럽 사이의 길을 오가며 느낀 감정은 낯섦보다는 이제 전과는 다른 세계에서 살게 되었구나 하는 막연하면서도 희망의 빛이 서린 감정이었다. 하지만 차가운 시멘트 감방에서 느껴지는 낯섦이 그녀에게서 그 빛을 앗아 갔다. 창살 너머에서 흘러들어오는 햇빛은 차갑고 건조했다.

시간이 얼마나 흘렀는지 알 수 없었다. 꽉 짜인 일상을 살던 그녀는 갑자기 무한대의 시간에 놓인 게 아닐까 하는 생각마저 들었다. 옆 감방에서는 스페인어인지 동유럽어인지 알 수 없는 낯선 언어들이 들려왔고, 창살 너머로는 정복을 입은 조금 뚱뚱한 백인이 감시의 눈길을 보내며 복도를 지나가고 있었다.

'이제 나는 어떻게 되는 걸까?'

그녀는 이민국 사무소에서 취조를 받게 되자 타이거의 사장에게 연락을 해달라고 부탁했다. 이민국 사무소 직원의 영어를 다 알아들을 수도 없었고, 그곳에서 빠져나가려면 사장에게 연락을 해야 했기 때문이다. 백인 직원은 어쩔 수 없다는 듯 어깨를 한 번 으쓱하고는 어딘가로 전화를 걸었다. 통화를 하는 사람이 타이거의 사장인지는 알 수 없었다. 사장과 연락이 되었는지 모르는 상태에서 그녀는 유치장으로 다시 옮겨졌다.

오전 시간이 다 지나갈 무렵 사장이 유치장에 나타났다. 시간상 일찍 온 것은 아니었지만, 무척 놀라서 서둘러 온 것 같다는 느낌이 들었다.

"아이쿠, 미안해요, 박재란 씨."

사장의 표정에는 난처함과 미안함이 뒤섞여 있었다.

"어떻게 된 일이죠?"

그녀가 재촉하듯이 물었다.

"정말 미안합니다. 제가 많이 바빠서 영주권 신청 서류를 제때에 작성해서 내지 못했어요."

"아니, 어떻게 그럴 수가 있어요! 내가 얼마나 열심히 일했는데."

"정말 미안합니다. 열심히 해주시고, 공연이 인기가 아주 많아 저도 그만 바빠서 서류 신청을 깜빡했어요."

사장의 어처구니없는 말에 그녀의 얼굴이 굳어졌다. 서운한 마음도 들었다.

"기분 나쁘시겠지만 진정하시고 제 얘기 좀 들어주세요. 저도 이민국에서 전화를 받고 깜짝 놀라서 어떻게 이런 일이 생겼는지 알아봤습니다. 아마 다른 업소에서 고발을 한 모양입니다."

그녀의 등장으로 다른 나이트클럽들은 거의 폐업 상태였다. 그러니 그들로서도 나름대로 자구책을 찾아야 했을 것이다. 결국 그중 한 업소의 사장이 그녀가 불법 체류 중이라는 것을 알아내 미국 이민국에 불법 체류자로 고소를 했다. 당시 타이거의 사장은 그녀의 쇼가 폭발적인 인기를 얻는 바람에 나이트클럽 일이 매우 바빠져 미처 영주권 신청을 하지 못한 상황이었다. 당연히 그녀는 불법 체류 상태였다. 그녀 또한 빡빡한 일정을 소화하느라 정신없이 바빴고, 당연히 영주권 신청을 진행 중일 것으로 철석같이 믿고 있었다.

사장의 이야기를 듣고 보니 그녀는 그 상황이 이해가 갔다.

"그럼 저는 이제 어떻게 되는 거죠?"

"그게……."

사장은 정말 미안한 표정을 지었다.

"벌금을 내야 하고… 뭐, 그건 제가 처리할 테니 걱정하지 않으셔도 됩니다. 그런데 여기서 나오시더라도 3개월 후에는 강제 출국 절차를 밟게 된답니다."

"아……."

강제 출국이라니……. 그녀는 기가 막혀 말을 잇지 못했다. 심장이 금방이라도 튀어나올 것처럼 요동을 쳤다. 마음속에 불이 붙어 지지직 소리를 내며 타들어가는 것 같았다.

# 노을이 아름다운 로스앤젤레스

너희 안에서 행하시는 이는 하나님이시니 자기의 기쁘신 뜻을
위하여 너희에게 소원을 두고 행하게 하시나니

– 「빌립보서」 2장 13절

자신이 처한 상황을 잘 아는 사람은 그리 많지 않다. 사람은 누구나 다가오는 시간 앞에서 흔들린다. 그것은 공포와는 다르다. 고속도로를 달리는 승용차 안에서 갑자기 옆을 스쳐 지나가는 트레일러를 보고 느끼는 공포와는 다르다. 불안은 아직 일어나지 않은 일을 걱정하면서 생기는 것이기 때문이다.

불안을 느낀다는 것은 그가 사람이라는 뜻이다. 그녀도 불안으로 마음을 졸인 적이 한두 번이 아니었다. 주를 영접하기 전 수십 년 동안 그녀는 불안이 제 몸뚱이를 갉아먹는 줄도 모른 채 불안을 끌어안고 살았다. 하지만 주를 영접하고 난 뒤 그녀는 더 이상 불안에 시달리지 않게 되었다. 그 대신 그녀는 소원을 가지게 되었다.

주의 말씀과 주의 사랑을 노래하고 간증하는 일을 주의 뜻 가운데서 행할 수 있기를 소원하게 된 것이다. 나아가 더 많은 사람들이 주님의 사랑을 알 수 있게 되기를 소원하게 되었다.

그것은 그녀의 소원이기도 했지만 그녀를 통해 주께서 이루고자 하는 일이기도 했다. 그녀는 그렇게 믿는다. 주의 뜻을 위해 그녀는 오늘도 집을 나서서 길 위에 선다. 집을 나선 그녀를 미소를 지으며 주가 기뻐하실 일을 찾아 떠난다.

그렇게 매일 그녀는 불안이 아니라 소원을 맞으며 살아간다. 하나님이 이루시려는 뜻은 이 소원들이 모여 일어나는 사건들로 펼쳐지리라. 그러고 보면 그녀는 소원의 세계 속으로 매일 여행을 떠나는, 세상에서 가장 행복한 사람이다.

✤

　3개월. 그것이 그녀가 미국에서 지낼 수 있는 기간이었다. 새로운 기대를 안고 찾아온 땅이었지만, 미국은 그녀에게 새로운 시작을 허락해주지 않았다. 그녀는 위축되었다. 정신도 위축되고 육체도 위축되었다.

　타이거는 여전히 손님들로 붐볐다. 3개월 뒤 강제 출국 조치를 당한다 해도 그녀는 가수였다. 그녀를 지탱해주는 것은 바로 가수라는 자부심과 노래에 대한 집념이었다. 그녀의 무대는 늘 열정으로 가득했다. 음악에 실려 클럽 전체에 퍼지는 그녀의 목소리는 맑고 섬세하고 밝아서 클럽 안이 온통 밝아지는 것 같았다. 무대 아래의 테이블에서는 큰 박수가 터져나왔고, 그녀의 노래를 따라 부르는 사람들로 가득했다.

객석은 연일 만원이었다. 그녀의 쇼를 보러 온 사람들 중에는 그녀가 곧 한국으로 돌아가게 될 것이라는 소식을 접한 이들이 많았다. 그 소문이 퍼지자 더 많은 사람들이 그녀의 쇼를 보기 위해 타이거를 찾았다.

그녀는 뭔가 불안한 기운이 자신을 안개처럼 휩싸고 있다고 느꼈다.

'누군가와 얘기를 나눌 수 있으면 얼마나 좋을까? 나는 왜 그 많은 가족과 친구를 서울에 두고 이 낯선 곳까지 와 있는 걸까?'

그녀는 세상에서 버림받고 사람들에게서도 버림받은 것 같은 기분이 들었다. 긴 한숨이 흘러나왔다. 그런데 결국 세상은 하나인 걸까. 사연은 달라도 어디에서나 한숨 소리가 들렸다. 저물어가는 거리 한구석에 놓인 지저분한 의자 위에 누워 있는 한 노인이 눈에 들어왔다. 초라한 모습이 낯설지 않았다. 노인은 한숨을 쉴 기력조차 없는지 조용히 누워 있었다.

그녀는 집으로 돌아와 오랜만에 자신을 거울 앞에 세웠다. 가수 박재란이 거기 있었다.

"그래, 힘을 내자. 분명 좋은 길이 있을 거야."

그녀는 용기를 내서 자신에게 말했다.

얼마 뒤, 타이거의 실내조명이 바뀌고 바에 불이 켜지자 한 남자가 말을 걸어왔다.

"얘기 들었습니다. 어떻게 그런 일이?"

타이거에 자주 오는 단골손님이었던 그는 잘생긴 한국인이 었다.

"어떻게 아셨어요?"

"다들 걱정하고 있습니다."

"저를요?"

"예. 본래 우리가 정이 많은 국민 아닙니까? 특히 LA의 한 인 사회는 끈끈한 정으로 뭉쳐 있고요."

그는 그녀의 노래를 듣고 팬이 되었다고 했다. 특히 그녀의 미주 공연을 보고 난 뒤 더 열성적인 팬이 되었다는 것이다.

"저도 도움이 되고 싶습니다."

"말씀만이라도 정말 고맙습니다."

그녀는 화장실에 가서 손을 씻은 뒤 거울 앞에서 옷매무새 를 가다듬고 다시 무대에 섰다. 그날은 어느 때보다 뛰어난 가창력을 선보였다. 그녀는 문득 노래하는 자신을 생각해보

앉다. 의지를 초월해 사람을 엉뚱한 곳으로 데려다놓곤 하는 운명의 불가사의한 존재를 인정하지 않을 수 없었다. 그런 깨달음이 들자 그녀는 조금 숙연해졌다.

그녀는 더욱더 열심히 노래했다. 촛불이 얼마 남지 않은 밀랍을 녹이며 가장 찬란하게 타오르듯 그녀의 목소리도 그렇게 빛나고 있었다.

거리에는 어느새 별이 스러지고 황혼도 없이 곧장 토란가루 같은 어둠이 깔리고 있었다. 미래는 여전히 불투명했다. 그녀는 말로 표현할 수 없는 그 무엇이 자신을 계속 짓누르고 있다고 느꼈다. 과거도 미래도 없이 순간의 그 무엇이 그녀를 옥죄고 있었다. 그 고통이 너무 컸다.

일주일쯤 지났을 때, 그 남자가 다시 말을 걸어왔다.

"오늘도 최고였습니다."

"예, 고맙습니다."

그녀는 환한 미소를 지었다. 그녀는 뛰어난 가수였지만, 노래를 잘한다는 칭찬은 언제나 달콤했다.

"저, 박재란 씨."

"예?"

그녀가 뒤를 돌아보자 남자는 조금 얼굴을 붉히며 말했다.

"혹시 일이 끝나신 뒤 시간이 되시면 잠깐 뵐 수 있을까 해서요."

그녀는 대수롭지 않다는 표정으로 남자를 잠깐 응시했다. 남자가 자신의 열혈 팬이라는 것은 이미 알고 있었다. 남자는 그녀보다 대여섯 살쯤 어려 보였는데, 타이거에서 처음 공연하던 날부터 거의 빠짐없이 그녀의 쇼를 찾았다.

"그럴까요? 잠깐 기다리시겠어요?"

"예? 아, 예."

잠시 후, 그녀는 남자와 함께 타이거를 빠져나왔다. 두 사람이 탄 차는 화려한 조명의 마천루가 늘어선 거리를 지나 어느새 바닷가에 닿았다. 거대한 바다 태평양이 거기에 있었다. 그녀가 비행기를 타고 건너온 그 대양이었다. 힘차고 거센 파도가 바닷가로 밀려오는 소리가 끝없이 이어졌다. 그녀는 차 창문을 내리고 한참이나 그 소리를 듣고 있었다. 남자는 말없이 그녀와 함께 파도 소리를 들었다.

뭔가 씻겨나가는 듯했다. 모래알 같은 서걱거림이 그녀의 내면에서 들려왔다. 바닷물에 씻겨나가는 것은 상처받은 그녀의 마음이었다. 상처를 견디기 위해 사막처럼 변해버린 그녀의 마음이었다. 울컥해지는 감정을 억누르며 그녀가 입을 열었다.

"좋네요. 고마워요, 이렇게 좋은 풍경을 보여줘서."

"아, 뭘요."

"이렇게 드라이브를 하니 쌓였던 스트레스가 확 날아가는 것 같아요."

조금 높아진 그녀의 목소리에서는 오랜만에 기쁨과 상쾌함이 느껴졌다.

"다행이군요."

남자는 그녀가 즐거워하는 모습을 보고 함께 기뻐했다.

"조금 더 달려볼까요?"

그녀는 말없이 고개를 끄덕였다. 남자는 LA 다운타운에서 전자제품 상회를 운영하는 사장이었으며, 이민 1세대의 아들이었다.

"고마워요. 미국에 와서 처음으로 느껴본 여유 있는 시간이었어요."

그녀는 고마움의 표시로 환한 웃음을 지어 보였다.

"제가 더 즐거웠습니다."

많은 사람들이 집으로 돌아간 시간, 도시는 고요했고 불빛은 어둠을 완전히 죽이지 못했다.

다음 날 아침은 찬란했다. 햇빛은 금 조각처럼 사방에 퍼져 있었다. 남자의 친절 때문이었을까? 그녀는 화창한 날씨로 괜히 행복해졌다.

그 후로도 남자는 자주 타이거를 찾았다. 그는 미국 생활의 아주 사소한 부분까지 일일이 그녀에게 가르쳐주었다. 외국 생활로 힘들고 지칠 때면 늘 그 남자가 곁에 있었다. 남자는 그녀의 외로움 사이로 발을 들여놓고 있었다. 두 사람은 함께 맛있는 식사를 하고, 그날 일어난 소소한 일들을 이야기하며 즐거움을 나눴다. 남자는 그녀보다 어렸지만 따뜻했다. 그 따뜻함이 그녀를 편안하게 하고 오랜만에 평화를 느끼게 했다. 살아 있음에 대한 기쁨이었다.

"제가 사람들에게 알아봤는데, 재란 씨가 미국에 계속 머무를 방법이 있을 것 같습니다."

"그게 뭔데요?"

반가움에 그녀의 목소리가 한 옥타브쯤 올라가 있었다.

"제가 책임지고 계속 계실 수 있게 해드리겠습니다."

"정말이죠? 정말 그렇게 할 수 있는 거죠?"

그녀는 확실한 대답을 듣고 싶어 여러 번 되물었다.

"예, 꼭 그렇게 해드리겠습니다."

그 이야기를 들은 뒤 그녀는 잠시 평화로운 나날을 보냈다. 남자의 도움이 어떤 것이든 그녀에게는 더없이 반가운 것이었다.

노을이 아름다운 로스앤젤레스는 12월이 되면 흰 눈을 이고 있는 산 가브리엘 산맥의 긴 설산과 도심 건물이 어우러져 절경을 이룬다. 솟아 있는 산들에 흰 눈이 쌓인 모습은 마치 히말라야를 연상시킨다.

'과연 나는 이곳에 언제까지 있게 될까?'

타이거에는 각양각색의 술병과 술잔들이 보기 좋게 진열되어 있었다. 천천히 회전하는 조명의 불빛이 그 위에 닿을 때마다 금강석을 품은 듯 날카롭게 반짝였다.

그녀가 무대에서 노래를 끝내고 내려오자 남자가 말했다.

"영주권을 얻는 가장 빠르고 손쉬운 방법은 미국 시민권자와 결혼하는 거예요."

"하지만 그건 영주권을 얻기 위한 비합법적 행위잖아요."

"……."

남자는 말없이 한참을 망설이다가 다시 말을 이었다.

"물론 진정한 사랑에 근거한 결혼이면 더 좋겠죠. 그런데 그렇게 결혼해서 얻은 영주권 역시 대체로 2년간 조건부입니다. 2년 만기를 채우기 직전 그 결혼이 진짜이고, 신청인과 배우자가 남편과 아내로 함께 살고 있다는 사실을 이민국에 다시 증명해야 하니까요."

"그럼 그것도 쉬운 방법은 아니군요. 만약 그 결혼이 사실이라는 것을 밝히지 못하면요?"

"물론 영주권을 잃게 됩니다. 그뿐만 아니라 일정 기간의 구속을 포함해서 미국인과 당사자인 외국인 모두에게 여러 가지 처벌이 내려지죠. 또 결혼 사기를 벌인 그 외국인은 추방당한 뒤 아마 두 번 다시 미국에 들어올 수 없게 될 겁니다. 게다가 그 결혼이 거짓이어서 나중에 정말 사랑하는 사람과 다시 결혼하게 되면 결혼을 이중 사기의 수단으로 삼았다는 이민국의 의심을 피할 수 없게 됩니다."

"그러니까 지금 그 말은……?"

"……"

남자는 밝게 웃었다.

집으로 돌아온 그녀는 이런저런 생각으로 쉽게 잠들지 못했다. 그날 밤, 그녀는 복잡하고 많은 꿈을 꾸었다. 그중 하나는 미국에서 추방당하는 꿈이었다. 잠에서 깨어 벌떡 일어난 그녀는 걱정으로 숨이 막히는 것 같았다. 그 순간 남자를 떠올렸고, 그 남자만이 도움을 줄 수 있다는 생각이 들었다. 남자는 모든 면에서 안정적인 사람이었다. 그리고 그녀에게 손을 내밀고 있었다.

# 벼랑 끝에 서서

너희가 내게 부르짖으며 내게 와서 기도하면
내가 너희들의 기도를 들을 것이요 너희가 온 마음으로
나를 구하면 나를 찾을 것이요 나를 만나리라

– 「예레미야」 29장 12~13절

할렐루야! 할렐루야! 주의 은혜가 어찌 그리 달콤한지요.

그녀는 말씀을 증거하는 목사님의 설교를 들으며 마음 깊이 외친다. 많은 사람들 앞에 나서서 주가 살아 계심을 간증하는 그녀지만, 사실 그녀가 가장 목말라하는 것 또한 하나님의 말씀이다. 그녀는 예수 그리스도의 발에 향유를 뿌리고 머리카락으로 발을 닦은 마리아처럼 주의 말씀 듣기를 즐거워한다.

"그리고 다시 하나님을 찾으라고 말씀드립니다. 성도 여러분! 주께서 언제나 우리에게 말씀하시는 것은 주 하나님을 기억하라는 것입니다. 그것은 선지자들의 예언이 행해진 이유이기 때문입니다."

그녀는 크게 아멘을 외친다. 그렇다. 하나님은 언제나 우리에게 주가 살아 계심을 느끼고 기억하라고 하셨다. 태초에 세상을 만드시고 우리 인간에게 사랑을 베푸시며 그것을 기억하라고 하셨다. 하지만 사람들은 시간이 지날수록 주의 인자하심을, 주의 사랑을 잊었다.

사람들은 그렇게 주를 잊어갔고 죄에 빠지게 되었다. 노아의 시대에도, 선지자들의 시대에도 그러했다. 그때 선지자들은 사람들에게 주를 기억하라고 말했다. 주를 기억하게 하기 위해서 주께서 사람들에게 시련을 내리고 고난을 주신다고 말이다.

돌이켜보면 그녀가 겪은 많은 고난도 주를 기억하지 못해서 그런 것이었을지 모른다고 생각한다. 수없이 벼랑 끝에 세우신 것은 주를 기억하라는 주 하나님의 큰 뜻이었으리라.


그렇다. 주를 진심으로 찾았을 때, 울부짖으며 기도했을 때 주는 기꺼이 와주셨다. 주께서 기다리고 계셨다.

아멘! 이제는 압니다. 주를 만날 수 있음을 믿습니다. 주를 만남으로써 옛사람은 가고 새사람이 되었나이다. 아멘!

남자의 친절로 인해 그녀는 자유와 안정을 찾았다. 경제적으로도 법적 지위로도 그녀는 미국 땅에서 반석처럼 든든해졌다. 그러는 사이에 세월은 흘러갔다. 그녀는 무대에서 노래할 수 있다는 것만으로도 정말 행복했다. 그것은 축복받은 삶이었다.

그녀는 쇼 무대에서 화려한 성공을 이어가고 있었다.

"와, 정말이에요? 곡을 주신다는 분들도 있고, 새 앨범을 낼 수 있다면 당연히 한국에 나가야죠."

한국에서 매우 반가운 소식을 알려왔다. 그녀는 가족들이 정말 보고 싶었다. 그리워서 견딜 수가 없었다. 그녀는 당장 백화점으로 달려갔다. 어머니의 옷도 사고 형제들의 선물도 준비했다.

1977년, 그녀는 5년 만에 첫 번째 귀국길에 올랐다. 그녀는 여전히 아름답고 근사했지만, 폭발적인 예전의 인기는 물 건너간 지 오래였다. 하지만 그녀는 어머니를 만나 긴 이야기를 나누고 친척들과 만나 이야기할 수 있다는 것만으로도 기뻤다. 미국에서도 어머니와 가끔 전화 통화를 하긴 했지만, 국제 전화로는 길게 이야기를 나눌 수 없어 늘 마음 한켠이 아쉬웠기 때문이다.

"엄마, 그동안 잘 계셨어요?"

"에구, 이렇게 보니 참 좋구나. 잘 지낸 거지?"

"그럼요."

다시 돌아온 그녀는 여전히 바빴다. 새로 앨범을 내고 공연도 해야 했기 때문에 가족과 오랜 시간을 보낼 수 없었다. 언론에서도 오랜만에 고국 나들이를 했다며 그녀에 관한 기사를 쏟아냈다. 세간의 이목을 크게 집중시키지는 못했지만, 새 앨범에 대한 관심은 어느 정도 끌어낼 수 있었다.

하지만 새로운 앨범에 대한 호응은 그녀를 만족시킬 정도는 아니었다. 그녀는 계속 한국에 머무를 수만은 없었다.

"엄마! 이제 자주 올게요."

그녀는 자주 찾아오겠노라는 약속과 함께 다시 미국행 비행기에 몸을 실었다. 새 앨범을 내고 활동을 시작하면서 그녀는 더욱 바빠졌다. 이제 그녀는 한국과 미국을 오가면서 노래하는 가수였다. LA 외에서 공연하는 일도 생겼다. 거칠 것 없는 성공가도를 달리던 젊은 시절과는 비교할 수 없었지만, 그녀는 여전히 가수였다.

그러면서 남자와의 사이가 벌어지기 시작했다. 두 사람은 서로 자기 일이 바빠 상대방에게 큰 관심을 보이지 않았다. 이렇게 마음의 변화를 일으키는 남자는 앞으로 그녀에게 무서운 압력이 될 것이 분명했다. 그녀와 남자 사이는 조금씩 흔들리고 균열이 가기 시작해 그 틈이 점점 벌어지고 있었다.

엎친 데 덮친 격으로 그녀가 살던 아파트가 큰 화재로 전소되고 말았다. 가재도구는 물론 가구와 그녀가 아끼던 무대의상, 그동안 찍은 사진을 모아둔 앨범, 그녀가 낸 디스크들이 모두 타서 없어졌다. 그 일로 어두운 생각이 머릿속을 차지할 때마다 그녀는 오뚝이처럼 다시 일어나려고 발버둥을 쳤다.

1982년, 어머니 칠순을 위해 일시 귀국한 그녀는 새 앨범을 제작해 발표하고 방송에 나가는 등 가수로서의 삶을 계속하기 위해 노력했다. 하지만 신군부가 정권을 잡은 한국의 정치 상황은 그녀의 이런 작은 노력마저 짓밟았다. 미국 시민권자를 비롯한 해외 거주자들이 국부를 해외로 유출한다는 명목 아래 국내 활동을 엄격히 금했기 때문이다. 결국 새로 낸 앨범은 쓸모없는 것이 되어버렸고, 대중은 그녀의 존재를 빠르게 잊어갔다.

그녀는 자괴감과 패배감에 휩싸였다. 그것은 한 남자가 자신의 삶을 걸었던 어떤 일을 잃었을 때 느끼는 종류의 감정이었다. 힘이 빠져나갔다. 날씨가 흐린 탓인지 마음이 우울한 탓인지 나이트클럽 무대에 서는 일도 이젠 지겨워졌다. 그것은 매너리즘보다 더 나쁜 것이었다. 그녀는 자신이 무대에서 즐거움을 느끼지 못한다는 사실에 큰 충격을 받았다. 어떤 어려움 속에서도 무대에서만은 빛나던 그녀였다. 그런데 스스로 빛을 내던 별이 점점 빛을 잃어가듯이 그녀의 노래에 숨어 빛나던 활기찬 에너지도 사라지고 있었다.

그뿐만이 아니었다. 건강이 급속도로 나빠지고 있었다. 노래를 부를 때 호흡을 하는 것이 힘들어지고 음성도 빠르게 변했다. 신장에 문제가 생겼는지 잠을 자다가도 아래쪽 등이 아파 깰 정도였고, 몸은 눈에 띄게 부었다. 그런데도 그녀는 계속 일했다. 육체적으로 정신적으로 무서운 고통이 그녀를 괴롭히는 날들이었다. 그녀는 입술을 깨물었다. 눈물이 흘러내리고 있었다.

어느 날, 여기저기가 아파 간신히 잠들었다가 일어나보니 정오가 가까워져 있었다. 그녀는 아픈 머리를 한 손으로 짚으며 침대에서 일어났다. 뭐라도 좀 먹어야 할 것 같아 부엌으로 가서 밥과 국을 데워 상에 앉았다. 그런데 몇 숟갈을 뜨기도 전에 위에 심한 통증이 느껴졌다. 그녀는 화장실로 달려가 변기를 붙잡고 먹은 음식을 토해냈다. 변기물에 뜬 토사물은 붉은색을 띠고 있었다. 그런데 먹은 것을 다 토해냈는데도 구역질이 멈추지 않았다.

그녀는 결국 응급차에 실려 병원으로 갔다. 병원에서는 심장은 물론 신장 등에도 문제가 있다면서 악성 신경성 위궤양이라는 진단을 내렸다. 소식을 듣고 남자가 와 있었다.

"심장의 문제는 약물로 치료가 가능한 수준입니다. 신장도 투석할 정도로 소모되지 않은 게 다행입니다. 하지만 위궤양은 악성인 데다 신경성이라 의료진으로서도 손쓸 수 있는 부분이 별로 없군요."

의사는 차분하게 그녀의 상태를 말해주었다.

"위궤양이 그 정도로 심각한가요? 그럼 앞으로 저는 어떻게 되는 거죠?"

"아마 치료식을 드셔야 할 것 같은데, 그것마저 소화를 시키지 못할 수도 있습니다. 또 위의 통증은 약으로 조절할 수 있지만, 약기운이 떨어지면 다시 통증을 느끼게 될 겁니다."

"신경성 위궤양은 난치성이란 말인가요?"

"그렇다고 할 수 있지요."

그녀는 정신적으로도 육체적으로도 고갈되어 있었다. 환자복을 입은 그녀의 모습은 탈진 상태로 보였다. 그녀는 병원에서 주는 약을 먹으며 잠시나마 휴식을 취했다. 수면 부족으로 그녀의 신경은 극도로 날카로워져 있었다. 그녀는 칼날같이 신경을 곤두세우고 주변 사람들에게 상처를 입혔다. 친절한 남자에게도 마찬가지였다.

병원에서는 신경성 위궤양은 통원 치료가 가능하다고 판단해 퇴원을 허락했다. 그래서 집으로 돌아와 쉬게 되었지만 신경성 위궤양 증상은 더 심해졌다. 그녀는 점점 우유 한 잔도, 물 한 잔도 넘기기 어려워졌다. 영양 주사를 하도 많이 맞아 주삿바늘을 꽂을 혈관을 찾기가 힘들 정도였다. 그녀는 하루가 다르게 야위어갔다.

'아, 이제 이 먼 이국땅에서 이렇게 끝나고 마는구나.'

기미가 그녀의 얼굴을 새까맣게 덮었고, 다리는 스타킹을 신을 수 없을 정도로 가늘어져서 걷기조차 어려웠다.

"애야! 너 괜찮은 거니? 한국 잡지에 네가 암에 걸려서 죽어가고 있다는 기사가 났던데, 정말 아무 일 없는 거야?"

어머니의 걱정스러운 전화를 받고 그녀는 애써 태연하게 말했다.

"말도 안 돼요. 내가 왜요? 나, 아무렇지도 않아요. 그저 몸살이 좀 났을 뿐이에요."

"정말이지? 내가 달려가볼 수도 없고… 정말 네 말대로 괜찮은 거지?"

"그럼요. 걱정 마세요."

"아프면 고생이다. 건강 잘 챙겨라."

어머니는 걱정스런 목소리로 당부하고는 전화를 끊었다.

그녀는 저쪽에서 전화기가 내려지는 소리를 들으며 슬픔에 잠겼다.

'엄마, 미안해.'

눈물도 나오지 않았다. 말할 수 없는 고통에 그녀는 이를 꽉 깨물었다. 많은 시간이 흘러갔다. 그러나 아직도 그녀는 병석에 누워 있었다.

'이대로 죽는다면 어떨까? 누군가가 이대로 살 것인가, 죽을 것인가를 선택할 자유를 준다면 나는 어떻게 해야 할까? 그럼 아이들은? 어머니와 가족은? 나는 죽음을 선택할 수도 없다. 하지만 할 수만 있다면 조용히 아무도 모르게 죽고 싶다. 태어난 것을 무효로 할 수는 없는 걸까?'

그녀는 순간 자살이라는 단어를 떠올렸다. 그 방법만이 그녀를 이 고통에서 해방시켜줄 것이라는 생각이 들었다. 하지만 그것을 실행할 기운조차 그녀에게는 남아 있지 않았다. 그녀는 차갑고 무미건조한 아파트 거실의 소파에 누운 채 점점 소파 모양을 닮아갔다. 끝! 그렇게 말해도 무방할 것 같았다. 굳이 자살을 선택하지 않아도 그녀는 이미 죽어가고 있었다. 찌들고 추한 모습이었다. 억울했다. 억지로 죽이라도 넘겨보려 하지만 모든 것이 불가능했다.

블라인드를 쳐둔 거실에는 어둠이 내려앉아 있었다. 텔레비전에서 나오는 불빛이 화면의 변화에 따라 그녀가 누운 소파를 비치며 밝아졌다 어두워졌다를 반복했다. 그녀는 자신을 버린 것만 같은 세상에서 들어오는 빛이 싫어 블라인드를 쳐놓곤 했다. 그리고 전등 대신 텔레비전만을 켜놓았다.

그녀의 퀭한 눈으로 텔레비전 화면들이 의미 없이 흘러들어왔다. 화면이 만들어내는 이야기나 사건에는 아무 관심도 없었다. 그녀에게 텔레비전 프로그램은 그저 아침에서 오후로, 오후에서 저녁으로 시간이 기울고 있다는 것을 알리는 시간 편성표 같은 것이었다.

하지만 얼마 남지 않은 종말의 시간이 눈앞에 닥친 것 같은 그 상황에서도 지루함만은 견딜 수 없었다. 며칠째 굶어서 손가락 하나 까딱할 힘도 없었지만, 한 채널에만 화면을 고정시켜 놓자니 지루해서 견딜 수가 없었다. 그녀는 힘겹게 소파에서 내려와 텔레비전 채널을 돌렸다. 그리고 채널을 돌리다가 지쳐 다시 소파로 돌아왔다. 돌려진 채널은 기독교 방송이었다. 크리스천 타임이라는 채널이었는데, 한국말로 나오는 방송이라 어쩌다 한 번 보기는 했지만 즐겨 보는 방송은 아니었다. 만약 몸이 정상이었다면 얼른 채널을 돌려버렸을 것이다. 방송에서는 '광야의 소리'라는 프로그램이 막 시작되고 있었다. 정장을 입은 중년 신사가 화면을 채우고 있었는데, 화면 아래쪽에 정용한 목사라고 소개가 되어 있었다.

# 기적의
# 수수께끼

구하라 그리하면 너희에게 주실 것이요 찾으라
그리하면 찾아낼 것이요 문을 두드리라 그리하면 너희에게
열릴 것이니 구하는 이마다 받을 것이요 찾는 이는 찾아낼 것이요
두드리는 이에게는 열릴 것이니라

– 「마태복음」 7장 7~8절

누구나 기적을 원한다. 절망의 골짜기를 헤매고 있을 때 환하고 따뜻한 빛이 강렬하게 비쳐 사방을 밝게 만드는 기적, 그 기적의 환희를 맛보고 싶어 한다.

하지만 그녀는 기적의 문을 여는 열쇠가 무엇인지를 아는 것이 기적보다 더 중요하다고 생각한다. 그것은 기적을 믿는 것이다. 그 믿음을 바탕으로 구하고, 찾고, 두드리는 행위를 포기하지 않는 것이다.

주께서는 "내 영혼아 네가 어찌하여 낙심하며 어찌하여 내 속에서 불안해하는가 너는 하나님께 소망을 두라"(「시편」 42편 11절)고도 말씀하셨지만, 그것은 가만히 기다리는 것이 아니라 구하는 것이기 때문이다. 그리고 무엇보다 주는 우리의 소원을 들어주기 위해 먼저 예수 그리스도를 보내셨다. 그녀는 이것이 기적의 수수께끼를 풀 열쇠라고 생각한다.

누군가는 이러한 기적에 대한 믿음은 어리석음과도 같다고 말할지도 모른다. 그러나 그녀는 그 생각에 강력히 반대한다. 예수께서는 분명히 말씀하셨다. "너희 중에 누가 아들이 떡을 달라 하는데 돌을 주며 생선을 달라 하는데 뱀을 줄 사람이 있겠느냐"(「마태복음」 7장 9~10절)고 말이다. 그것이 예수께서 우리와 언약하신 것이기 때문이다.

그녀가 매일 말씀을 전하며 열정적으로 간증하는 것 또한 기적의 문들 두드리는 일이다. 그녀는 매일 구하고, 찾고, 두드리고 있는 것이다. 바로 여러분의 마음에 하나님이, 그리고 예수 그리스도의 음성이 들리게 만드는 것 또한 기적이기 때문이다. 처음 그녀의 귓가에 들려왔던 부르심처럼, 그 부르심이 그녀의 삶을 송두리째 바꾸어놓았던 것처럼 그러한 기적이 다른 곳에서도 일어날 것을 그녀는 믿기에 오늘도 강대상에 오른다.

"여러분, 안녕하십니까. 정용한 목사입니다. 하나님은 세상을 창조하시고, 사람 또한 창조하셨습니다. 하나님은 흙을 빚어 하나님의 형상대로 사람을 빚으시고 사람의 코에 생기를 불어넣으시는 것으로 창조를 완성하셨습니다."

'사람을 창조하신 분이라니, 이게 무슨 말인가?'

그녀는 그런 이야기를 처음 들었기 때문에 도대체 저게 무슨 얘기인가 하면서 듣고 있었다.

"인간은 물론이고 이 세계의 모든 피조물을 창조하신 하나님께서는 전지전능하시기 때문에 의학적으로 고칠 수 없는 불치병도 고치십니다. 주 하나님과 구주 예수 그리스도를 믿으십시오. 그리하면 그 믿음으로 여러분은 구원을 받게 되실 것입니다.”

순간 그녀의 가슴속에서 뜨거운 것이 울컥 솟구쳐올랐다. 방송은 짧았지만 그녀에게는 긴 여운이 남았다.

“하나님!”

그녀의 입에서 처음으로 하나님이라는 외침이 나왔다. 그리고 하나님을 향한 의문이 고개를 들었다. 도대체 성경에 쓰여 있다는 치유의 역사와 복음을 통한 구원이 뭔지, 도대체 성경에 뭐라고 쓰여 있기에 저토록 당당하게 의학적으로 나을 수 없는 병도 하나님이 고쳐주신다고 말하는 것인지 궁금해졌다.

문득 정신을 차리고 보니 그녀의 몸은 눈물과 땀으로 흥건히 젖어 있었다.

‘이게 뭘까? 내가 왜 이러지?’

밥은 물론 물 한 모금 마저도 토해내야 했던 그녀가 자리에서 일어났다. 문득 뱃속에서 시장기가 느껴졌다. 악성 신경성 위궤양을 앓으면서 잃어버렸던 감각인데, 그 감각이 오랜만에 살아난 것이다. 배고픔, 그것은 바로 살아 있음의 첫 신호였다.

그녀는 주방으로 갔다. 밥과 김치를 꺼내 식탁에 올려놓고서 물을 꺼내 한 모금 마셨다. 물이 목을 넘어 뱃속으로 흘러 들어갔다. 아프지 않았다. 아무것도 넘기지 못하던 그녀가 물을 넘길 수 있게 된 것이다. 밥을 조금 떠서 입에 넣고 천천히 꼭꼭 씹어보았다. 밥알이 완전히 부서져 죽이 될 만큼 꼭꼭 씹었다. 그러고 나서 목으로 넘기고 김치를 잘게 씹은 뒤 물을 마셨다.

위가 경련하지 않았다. 아프지 않았다. 이렇게 음식을 먹으면 경련을 일으키며 쓰러져 병원 앰뷸런스에 실려 가곤 하던 그녀였다. 잘못되면 목숨을 잃을 수도 있었다. 그런데 웬일인지 전혀 아프지 않았다. 한 모금의 물도 우유도 시원하게 내려가지 않고 토해내던 그녀의 뱃속이 밥과 김치와 물을 받아들여 소화시키고 있었다. 토해내는 것이 아니라 음식을 받아들이고 있었다.

그뿐이 아니었다. 죽음에 대한 불안과 공포의 그림자가 말끔히 걷히고 새로운 용기와 자신감이 충만해지는 게 아닌가? 그동안 빠져나갔던 힘이 뭔가에 보충된 듯 강력한 힘이 되어 솟아났다.

남자가 그녀의 집을 방문한 것은 그날 아침이었다.

"성경을 읽고 싶어. 혹시 집에 성경책이 있을까?"

남자의 눈이 휘둥그레졌다.

그녀는 마음속에서 뭔가 변화가 일어나는 것을 느꼈지만, 아직 그게 무엇인지 확실히 알 수 없었다. 그저 성경이라는 것을 한번 읽어보고 싶다는 희망이 생겨났을 뿐이다. 그리고 그 희망은 바로 그녀 앞에 펼쳐져 있었다.

"성경책이 어디 있을지도 몰라. 한번 찾아볼게."

남자는 먼지를 뒤집어쓴 상자 속에서 성경책을 찾아서 가져왔다.

"어디서 찾았어? 난 집에 성경이 있는 줄도 몰랐네."

"전에 동생이 공부할 때 보던 것 같아."

남자는 그녀가 성경책을 살펴볼 수 있도록 소파 뒤쪽의 스탠드를 켜주고는 다시 소파에 앉았다.

그녀는 온 힘을 모아 성경책을 펼쳐 들었다.

'이게 성경이라고 하는 것이구나. 집에 있을 거라고는 생각지 못했는데, 뜻밖에도 성경이 가까운 곳에 있었네.'

그녀가 태어나서 한 번도 읽어보지 못했고, 그 존재를 궁금해하지도 않았던 성경책이었다. 단단한 표지를 펼쳐 넘기니 가장 먼저 『신약전서』라는 제목이 눈에 들어왔다. 그다음 페이지에는 목차가 가지런히 표기되어 있었다. 「마태복음」, 「누가복음」, 「마가복음」… 「고린도전서」, 「고린도후서」……. 그녀는 그 제목들을 천천히 훑어나갔다. 그리고 「마태복음」을 펼쳐 들었다.

사실 그녀는 몇 시간 전만 해도 성경책의 존재 같은 것에는 아무 관심도 없었다. 그녀는 자기 몸에 깃든 어두운 기운에 온몸을 맡기고 있었다. 될 대로 되라지! 명치 쪽에서 올라오는 통증에 얼굴을 일그러뜨린 채 소파에 죽은 듯이 누워 있었다. 이 고통에서 벗어날 수만 있다면 죽어도 좋다는 생각까지 하면서.

그런 그녀가 성경책을 읽기 시작했다. 무대에서 노래 부를 때도 볼 수 없던 진중함이 그녀의 표정에서 묻어났다. 그녀는 남자가 아파트를 나가는 것도 몰랐다. 「마태복음」을 읽다가 문득 고개를 들어보니 남자는 돌아가고 없었다. 이럴 때면 공허감 때문에 괴로웠는데, 이상하게도 진정이 되었다. 그녀는 차분한 마음으로 자신의 손에 들려 있는 두꺼운 성경책을 바라보았다.

　새벽녘에 선잠을 깬 그녀는 다시 성경을 읽기 시작했다. 복음서에는 그녀가 듣지도 보지도 못한 예수 그리스도의 말씀과 행적, 무엇보다 놀라우신 기적에 대한 내용이 쓰여 있었다. 빵 다섯 개와 생선 두 마리로 수백 명을 배불리 먹이신 기적은 물론 맹물을 포도주로 바꾼 기적, 눈 먼 사람의 눈을 뜨게 하고 문둥병자를 깨끗하게 하신 기적, 나아가 죽은 나사로를 다시 살리신 기적들이 성경에 쓰여 있었다. 그 기적들을 읽으면서 그녀는 정말 감격했고, 그 일들이 실제로 일어난 것처럼 생생하게 느껴졌다.

　그녀는 그 느낌을 어떻게 표현해야 할지 몰랐지만, 한 줄 한 줄 무릎을 치는 심정으로 읽어나갔다. 그녀는 자기 몸에 남아 있는 모든 힘을 성경을 읽는 데 바치고 있었다. 그리고 놀라운 이야기 앞에서 감동을 느끼고 눈물을 흘렸다. 그녀의 마음을 크게 흔든 구절은 바로 「마태복음」 28장 6절의 말씀이었다.


　　그가 여기 계시지 않고 그가 말씀하시던 대로

다시 살아나셨느니라

바로 부활의 말씀이었다. 그녀는 이 말씀을 읽고 직감적으로 기독교가 부활의 종교라는 것을 알아차렸다. 그리고 그것이 바로 구원의 역사라는 것도 알아차렸다.

'나 같은 사람도?'

그녀는 감격했다. 이것은 우연이 아니었다. 누군가가 그녀의 인생을 조율하고 있다는 느낌이 들었다.

'하나님, 저도 하나님 자녀가 될 수 있는 거예요?'

이것은 정말 예상치도 못한 일이었다. 그녀는 어릴 때부터 불교 신자였다. 그녀가 하루아침에 하나님을 찾은 것은 정말 기적이었다. 그녀는 엎드려 기도했다. 갑자기 눈물이 쏟아졌다. 지난 세월 고통 속에서 남모르게 눈물 흘리며 살아온 많은 날들이 주마등처럼 스쳐지나갔다. 지은 죄도 떠올랐다. 그리고 가슴속에 커다란 구멍이 뻥 뚫리는 느낌이 들었다. 그 안으로 강한 바람이 무수히 관통했다. 지나온 자국마다 온통 굳은살처럼 엉겨 있던 시련의 분노와 억울함, 증오, 서러움이 기적처럼 사라졌다.

"아, 하나님! 하나님!"

그녀는 자신의 마음속에서 뭔가가 바뀌어 마음의 흐름이 완전히 새로워지고 있는 것을 느꼈다.

깊은 밤보다 어두운 마음의 방이 그녀의 마음에 있었는데, 기쁜 소식, 주의 말씀의 빛이 그 어둠의 방을 뚫고 들어온 것이다. 마음에 그런 변화가 일어난 뒤로는 성경의 말씀들이 구절구절 아주 깊게, 그리고 아주 쉽고 자세하게 느껴졌다. 그녀는 생전 처음 읽는 성경의 한 구절 한 구절이 자신에게 막힘없이 흘러들어오는 것을 경험했다.

어느새 밤이 지나가고 날이 밝아왔다. 그녀는 남은 힘을 모두 모아 말씀을 읽어나가기 시작했다. 그러면서 단 한 번도 해본 적 없는 생각들을 경험하고, 그것을 그대로 받아들이게 되었다.

그녀는 일주일 넘게 성경을 읽었다. 그녀가 『신약전서』의 마지막 장인 「요한계시록」까지 모두 읽었을 때 시간은 새벽 3시를 넘기고 있었다. 그녀는 물기라고는 찾아볼 수 없는 가죽 같던 자신의 몸에서 또 다른 세포가 살아나는 것을 느꼈다. 성경을 읽으면서 거의 매일 눈물을 흘렸던 그녀지만, 『신약전서」를 다 읽고 난 뒤 흘린 눈물은 기쁨과 마음에서 우러나오는 감사의 눈물이었다. 그녀는 살아 있지만 아무것도 할 수 없던 병든 몸으로 성경을 끝까지 다 읽어냈다는 기쁨을 느끼며 그에 대한 감사를 하나님께 드리고 있었다.

그녀는 자꾸 몸이 뜨거워지는 것을 느꼈다. 말씀으로 하나님을 받아들인 그녀의 몸에 성령이 불의 세례를 내린 것이다. 그녀는 소파에서 내려와 바닥에 엎드려 하나님께 경배를 드렸다. 순간 눈앞에 무엇인가 하얗게 빛나는 것이 보였다. 눈물의 막으로 반쯤 눈이 먼 그녀 앞에 하얀 옷자락이 펼쳐져 있었다. 그것은 살아 계신 하나님의 아들이자 우리의 구원자이신 주 예수 그리스도의 옷자락이었다. 그녀는 살아 계신 하나님과 예수 그리스도의 위엄을 느끼며 몸을 떨었다.

그날 밤, 그녀는 이상한 꿈을 꾸었다. 세상에서 가장 아름다운 소리가 들려왔다.

"수고했다. 이제부터 네 삶은 내가 책임지리라."

그녀는 잠에서 깨어 엉엉 울었다. 그동안의 서러움이 한꺼번에 폭발한 것 같았다. 구름 위에 붕붕 뜬 것 같은 느낌도 들었다. 그리고 이내 편안함이 느껴졌다. 그녀를 오랫동안 괴롭

혀온 심각한 질병이 거짓말처럼 치유되고 있었다. 아픔과 고통이 사라지는 기적이 일어난 것이다. 그런 극적인 변화뿐만 아니라 평강과 희락이 가슴 가득 채워지는 놀라운 경험도 했다. 모든 게 정말 감사했다.

"하나님, 저 안 아파요. 아픈 데 하나도 없어요. 저, 밥 한 숟가락을 다 먹었고, 김치도 먹었어요. 통증도 전혀 없어요. 몸이 날아갈 듯 가벼워요. 하나님께서 저를 고쳐주셨어요."

성경에서 읽은 치유의 기적들이 그녀의 머릿속에서 파노라마처럼 지나갔다.

'나도 이렇게 나을 수 있구나. 하나님께서 이렇게 나를 기억하시고 사랑해주시는구나. 나아만 장군에게 치유와 회복의 기적을 베푸셨듯이, 앉은뱅이를 일으키시고 눈 먼 자의 눈을 뜨게 하셨듯이 나를……'

# 참 좋으신
# 하나님!

내게 능력 주시는 자 안에서 내가 모든 것을 할 수 있느니라

- 「빌립보서」 4장 13절

할렐루야!

인간은 무수한 만남을 통해서 성숙해간다. 그녀의 신앙도 귀한 만남들을 통해 매일매일 자라고 있다. 부모, 형제, 환경, 친구, 그리고 책과의 만남······. 이 만남들 가운데 그녀를 가장 크게 변화시킨 것은 바로 구주되신 예수님이다. 일찌감치 어린 나이에 주님께서는 사무엘 선지자를 통해 사울을 왕으로 기름 부어주셨지만, 그는 자신이 위로해주었던 사울 왕의 온갖 시기와 모략과 살해 시도로 인해 끊임없이 도망자 생활을 했다. 이는 주님께서 우리 중 어느 누구도 시련과 연단 없이는 그리스도의 성품을 닮을 수 없다고 판단하셨기 때문이다. 그리고 주님의 특별한 훈련 캠프의 조련사로 사울을 세우셨기 때문이리라.

오늘도 그녀는 사람들을 만나 신앙 간증을 한다.

"혹시 여러분이 지금 어려움을 당하고 있다면 여러분이 슬퍼하고 좌절하는 이유를 깊이 헤아려보세요. 물론 억울한 핍박이 상당 부분을 차지하겠지만요. 주님께서 주신 그 억울한 핍박을 기도하는 자세로 긍정하고 오직 주님이 주신 명령대로 순종하십시오. 그렇게 할 때 주님께서는 마음속에 간직한 여러분을 향한 화살과 창을 꺾어버리실 것입니다. 그러는 과정을 통해 여러분은 그리스도의 사랑과 능력을 영혼으로 배우게 될 것입니다."

주님의 리더십이 섬김에서 나왔듯이 영원히 용서받은 주님의 종으로서 주님을 닮아가는 것이 우리 기독교인들의 갈 길이다. 그리고 그것이 주께서 우리에게 허락하신 능력이다. 그 능력 안에서 우리는 이 세상의 것을 뛰어넘는 능력을 보일 수 있다.

미국 로스앤젤레스에 있는 나성영락교회는 크고 웅장했다. 그녀는 태어나서 처음으로 교회를 찾아갔다. 그것은 건강이 좋아져 혼자서도 운전을 하고 돌아다닐 수 있게 된 이후 처음 있는 일이었다.

교회에 들어서자 거룩한 분위기에 마음이 차분해지고 따뜻해지는 것을 느꼈다. 하지만 대성전 문으로 선뜻 들어서기에는 낯선 기분이 들기도 했다. 주위를 둘러보니 위로 올라가는 계단이 보였다. 3층까지 올라갔는데, 예배당 3층 성전 입구를 통해 커다란 십자가가 눈에 들어왔다. 여기서 예배를 드려야겠다는 생각이 들자, 그녀는 3층 예배당의 구석 자리를 찾아 앉았다.

커다란 십자가와 옻칠이 잘된 단상 위에 펼쳐진 붉은 카펫, 그리고 강대상이 한눈에 들어왔다. 1층의 본 예배당과 2층은 교인들로 거의 차 있었다. 얼마 지나지 않아 예배가 시작되었다. 사람들은 목사님의 말씀에 따라 일제히 일어나 노래를 부르거나 뭔가를 함께 읽고 또 앉아서 기도를 했다.

그녀는 그곳에서 다시 한 번 큰 충격을 받았다. 아주 많은 사람들이 다 함께 찬송 부르고 기도하고 있었다. 그들은 열렬한 신앙을 가진 사람들이었다. 그들은 얼굴에서 넘치는 기쁨과 평안을 여실히 느낄 수 있었다.

'무엇이 그들을 이렇게 만드는 것일까? 나는 왜 저런 기쁨을 소유하지 못하는 걸까?'

그녀는 예배를 드려본 적이 없었기 때문에 어떻게 해야 하는지 잘 몰랐다. 그녀가 쭈뼛거리는 것을 보고는 안내위원으로 보이는 한 여성 성도가 주보와 찬송가, 성경을 가져다주었다. 그리고 귓속말로 나직하게 물었다.

"교회 처음 나오셨어요?"

"예."

그녀도 조그만 목소리로 대답했다.

"주보에 나온 순서대로 예배가 진행돼요. 이건 찬송가와 성경책이에요."

"감사합니다."

그녀는 주보를 내려다보았다. 거기에는 예배 순서가 나와 있었다. 찬송가는 몇 장을 부르는지, 목사님이 성경의 어느 구절로 말씀하시는지 일목요연하게 적혀 있었다. 그녀는 고개를 끄덕이고는 미소를 지었다. 안내위원은 친절하게 주보에 나온 성경 말씀을 찾아 펼쳐주고는 다른 분을 안내하러 자리를 떴다.

'아, 이게 예배구나.'

목사님의 설교를 경청하고, 함께 찬송 부르고, 축도를 받고… 그렇게 첫 예배를 드렸다.

'하나님이 여기와 나와 예배를 드리게 하려고, 남은 인생을 하나님을 섬기며 살라고 이렇게 나를 부르셨구나. 나도 저들이 누리는 넘치는 평안과 기쁨을 소유할 수 있을까?'

예배가 끝난 뒤 그녀가 조용히 돌아가려고 하는데, 좀 전에 도와준 안내위원과 몇몇 성도가 그녀에게 다가왔다.

"환영합니다. 오늘 처음 나오셨다고요?"

"예."

그중 한 성도가 그녀에게 친근한 미소를 보이며 가까이 다가왔다.

"저… 그런데 혹시 가수 박재란 씨 아니세요?"

그녀가 좀 놀라며 당황해하자 그들은 그녀의 두 손을 꼭 잡으며 함박웃음을 지었다. 성도들이 환한 미소로 따뜻하게 반겨주자 그녀도 미소로 답했다.

"정말 반가워요. 어떻게 저희 교회를 찾아주셨나요?"

"그게… 예배를 드리고 싶어서요."

"차 한 잔 하실 시간 있으세요?"

"예."

그녀는 그들의 호의를 받아들여 다시 자리에 앉았다. 안내위원으로 봉사하는 분이 차를 가져다주고는 자리를 떴다. 그녀는 한 중년 여성과 차를 마시며 편히 앉아 이야기를 나누었다. 어떻게 하나님을 영접하게 되었는지, 하나님의 권능이, 성령이 그녀의 몸에 어떤 기적을 일으켰는지에 대해 며칠 전 있었던 이야기를 차분히 털어놓았다.

"그런 일이 있었군요. 박재란 씨를 하나님이 특별히 사랑하시나봐요. 자녀로 삼으시려고 그렇게 고생을 하게……."

중년 여성은 울먹이면서 말을 잇지 못했다.

"앞으로 열심히 하나님 믿고 더 큰 은혜 받으시길 기도할 게요. 오늘 이렇게 하나님 전을 찾아주셔서 저도 얼마나 기쁜지 몰라요. 박재란 씨를 보고 저도 큰 은혜를 받았어요. 앞으로 성도들에게 그 이야기를 들려주셨으면 해요. 이렇게 우리가 만난 것도 하나님의 뜻이고 하나님의 계획이세요. 앞으로 박재란 씨의 믿음 생활에 도움이 되고 싶어요."

그녀는 중년 여성의 말을 듣고 정말 기뻤다. 마음으로는 하나님을 열심히 믿겠노라 다짐한 터였지만 어찌해야 할지 모르는 그녀에게 이렇게 쉽게 믿음의 멘토가 나타나준 것이다.

중년 여성은 그녀와 함께 곧장 서점으로 갔다.

"제가 박재란 씨에게 드리는 선물이에요. 만나게 되어 정말 반갑습니다."

그녀는 오늘 처음 만남 자신에게 이렇게 선물까지 해주는 중년 여성에게 매우 고마웠고 가까운 이웃을 얻은 듯해 정말 기뻤다.

"이제 우리는 하나님 말씀 안에서 한 형제자매랍니다."

집으로 돌아온 그녀는 식탁에 앉아 선물받은 성경책을 펼쳐보았다. 가장 먼저 눈에 들어온 것은 『구약전서』라는 제목이었다.

그녀는 성경이 구약과 신약으로 이뤄져 있다는 것을 그제야 알게 되었다. 그녀는 하나님에 대해 더 잘 알 수 있게 되었다는 기쁨으로 『구약전서』를 펼쳤다.

> 하나님은 공의로우신 분이시다. 모든 사람이 죄를 지었고 그 죄 값을 갚아야만 하나님의 공의로운 속성을 만족시킬 수 있다. 그것은 예수 그리스도의 십자가의 보혈만으로 해결이 가능하다. 따라서 하나님께서 독생자를 이 세상에 보내주심으로써 그 구원을 완성하셨다. 이 사실을 믿기만 하면 우리는 그 믿음으로 죗값을 청산하고 하나님의 자녀가 된다.

교회 생활은 그녀에게 즐거움이자 평화였다. 성경 공부를 하면서 말씀이 꿀처럼 달고 포도송이처럼 달다는 것을 알았다. 성경 공부는 아침에 시작해서 해가 질 무렵에야 끝났지만, 지루하다는 생각은 전혀 들지 않았다.

'십자가의 사건이 이렇게 큰 비밀을 담고 있었다니……'

성경 지식이 한꺼번에 움직이며 논리와 이성에 아무런 거리낌 없이 맞추어졌다. 그녀의 새로운 인생이, 새로운 삶이 하나님의 말씀 안에서 창조되고 있는 것 같았다.

어느 날, 그녀의 멘토가 된 중년 여성이 다가와 한 가지 제안을 했다.

"큰 교회에서 믿음 생활을 하는 것도 좋지만, 믿음을 강건히 하려면 개척 교회에서 신앙생활을 하는 게 큰 도움이 돼요. 나와 함께 개척 교회에 나가보지 않을래요?"

중년 여성은 그녀를 진심으로 생각해주고 있었고, 무엇보다 그녀의 신앙생활의 롤모델이었으므로 그녀는 기꺼이 그 제안을 받아들이기로 했다.

중년 여성이 데려간 곳은 다운타운 구석에 있는 작은 교회였다. 반듯한 공간도 아니고 사다리꼴의 공간에 십자가도 없는 아주 작은 교회였지만 그녀에게는 그 작은 성소가 그 어느 곳보다 경건하고 따뜻해 보였다. 목사님도 아주 소박하고 겸

손한 분이어서 처음 뵈었는데도 따르고 싶은 마음이 들었다. 목사님은 성도가 많지 않은 교회를 찾아와 나오겠다고 말하는 그녀에게 고마움을 표시했다.

"박 선생님, 성경이 하나님의 말씀임을 확실히 믿습니까?"

"그럼요, 믿고말고요. 저는 미지근한 것은 딱 질색입니다."

"이제 박 선생님은 구원을 받은 것입니다."

목사님은 그녀의 손을 잡고 축하해주셨다.

"인간은 아주 나약한 존재입니다. 그래서 처음의 마음을 끝까지 지속하기가 쉽지 않아요. 인간의 삶이란 끊임없는 시험의 연속입니다. 그 시험에서 이기려면 늘 영혼이 깨어 있어야 합니다. 천국에 갈 때까지 긴장을 유지해야 하지요. 새벽기도, 성경 공부, 영성 훈련이 지속적으로 필요한 이유를 이제 아시겠지요?"

목사님의 말씀은 항상 명쾌했다. 그녀가 궁금하게 여기는 부분들을 정확히 가려내 설명해주었다.

"우리는 계속 신앙을 확인해야 합니다. 나 자신의 삶은 주변 사람들이 확인시켜줍니다. 우리는 사람들과 친교를 통해 거듭난 기독교인의 모습을 보여줄 수 있습니다. 그래서 교회가 필요한 것이지요."

작은 교회에서의 신앙생활은 그녀에게 분명 큰 도움이 되었다. 성경 공부도 목사님과 거의 독대하듯 할 수 있어 좋았고, 믿음 생활에 대해 궁금한 문제가 생기면 빠른 피드백이 가능해서 좋았다. 열정적인 믿음 생활이 가능했던 것이다. 특히 그녀는 믿음 생활에서는 행함이 뒤따라야 한다는 목사님의 가르침을 자신의 신조로 삼았다.

그녀는 성경 공부를 하면서 많은 구절들에서 회개의 눈물을 흘렸다. 그중에서도 가장 가슴 저미게 다가온 구절이 "하나님 외에 다른 신을 섬기지 말라"고 하신 말씀이었다. 그녀는 오랜 기간 동안 불자였기 때문에 그 말씀에 크게 회개했다. 그리고 이러한 하나님의 뜻을 모르는 사람들이 하나님의 은혜 가운데 살 수 있도록 하는 것이 하나님을 알기 이전의 자신과 같은 사람들을 돕는 일이라고 느꼈다. 복음에 대한 믿음이 곧 복음을 알리는 행동으로 이어진다는 것을 그녀는 깨달았다.

그녀는 이러한 행함을 실천하기 위해 주변 사람들부터 전도해나가기 시작했다. 그녀는 스스로 생활을 책임져야 했기 때문에 건강이 회복되고 난 뒤 다시 무대에 서기 시작했는데, 먼저 클럽에서 일하는 웨이트리스들부터 전도했다. 웨이트리스들은 그녀의 건강이 매우 나빴다는 것을 잘 아는 사람들이었다. 그런 그녀들에게 그녀의 치유의 경험은 놀라운 소식이었다. '예수한테 미쳤나봐' 하고 냉소적으로 바라보는 이들도 있었지만, 대부분은 그녀의 경험에 큰 감동을 받아 회심하게 되었다.

그녀는 자기 차에 새 신자를 태우고 교회에 함께 나가 예배를 드렸다. 어느덧 작은 개척 교회의 예배당이 신도들로 채워지기 시작했다. 그녀에게는 매일매일이 감사였다. 그녀는 노래를 불러 받은 돈으로 교회에 크고 좋은 십자가를 헌물했다. 마침내 빛나는 십자가가 교회에 걸리게 된 것이다.

그녀는 그렇게 주변 사람들을 하나님의 제단 앞으로 이끌었다. 그런데 믿음이 쌓이고 자라면서 그녀는 그 정도의 전도 사역으로는 만족할 수 없었다. 그녀가 전도를 위해 새벽 기도를 올릴 때마다 늘 떠올리는 성경 구절들이 있었다.


오직 성령이 너희에게 임하시면 너희가 권능을

받고 예루살렘과 온 유대와 사마리아와 땅 끝
까지 이르러 내 증인이 되리라 하시니라

- 「사도행전」 1장 8절


그러므로 너희는 가서 모든 민족을 제자로 삼
아 아버지와 아들과 성령의 이름으로 세례를
베풀고 내가 너희에게 분부한 모든 것을 가르
쳐 지키게 하라…

- 「마태복음」 28장 19~20절


이 성경 구절들을 그녀는 하나님의 준엄한 명령으로 받아
들였다.

"하나님, 감사합니다. 제 삶을 인도해주시옵소서."

# 대중 가수에서
# 복음성가 가수로

…… 내 은혜가 네게 족하도다 이는 내 능력이 약한 데서
온전하여짐이라 하신지라……

- 「고린도후서」 12장 9절

그녀는 주를 찬양하는 즐거움에 하루하루가 행복하다. 이러한 행복함을 마지막 숨을 다하는 날까지 느끼고 싶다.

처음에 찬양을 권유받았을 때는 무척 걱정을 했다. 세상의 노래를 부르던 목소리로 주의 노래를 불러도 될까? 나같이 낮은 사람이 찬양으로 간증하는 것이 하나님의 은혜로우심을 알리는 데 도움이 될까?

하지만 성경을 읽으면서 그것이 어리석은 의문이었음을 알게 되었다. 주는 그렇게 쓰시려고 그녀를 부르신 것이다. 주의 일에 쓰시려고 그녀를 낮추신 것이다.

「고린도후서」에 바울 사도가 고백하듯이 주는 능력을 주시며 또한 교만할 것을 걱정하신다. 왜냐하면 주의 쓰임을 받는 사람을 소중히 생각하시고 잃지 않으려 하시기 때문이다. 그래서 바울 사도가 그 가시를 거두어달라고 했을 때 "내 은혜가 네게 족하다"고 말씀하셨을 것이다. 그녀는 그렇게 주의 말씀 안에서 다시 부르심을 깨달았다. 그리고 그녀에게 아주 작은 물질만 허락하신 것도, 그녀를 약하게 하신 것도 하나님의 사랑임을 깨닫게 되었다.

그녀는 그렇게 해서 찬양자로 서게 되었다. 이전에 겪은 고생보다 더 큰 고생을 겪기도 했지만 그녀는 그 고생의 무게를 느끼지 못했다. 그녀는 연단되고 있었으므로 주의 은혜가 그녀 속에서 완전한 형상을 갖춰가는 가운데 그녀는 그 어느 때보다 행복했다. 그 시기에 그녀는 처음으로 영적 승리로 인해 온몸이 차오르는 경험을 했다.

온전히 주의 사람으로

순전하게 되어.

오랜만에 한국 나들이를 마치고 LA 공항에 도착한 그녀의 발걸음이 가벼웠다. 오랜만에 어머니를 볼 수 있어 좋았고, 무엇보다 건강해진 모습을 가족에게 보일 수 있어 기뻤다. 또한 비록 큰 성공을 거두지는 못했지만 새 앨범을 내고 가수로서 건재함을 세상에 알리고 온 터였다. 한국 사회도 많이 변해서 경력이 있는 가수보다 젊은 가수들이 더 각광을 받고 있었다. 하지만 그녀는 아직도 자신을 기억해주는 팬들이 있다는 사실을 확인한 것만으로도 기뻤다. 그것은 병상에 누워 있을 때는 꿈도 꾸지 못한 일이었다.

아파트로 돌아와 짐을 풀고는 곧장 교회로 향했다. 이런 감사한 일들이 모두 하나님의 은혜 가운데 일어난 것이라고 생각했기 때문이다. 그녀는 3개월 넘게 떠나 있던 교회로 돌아 갔다. 예배가 없는 평일이라 조용한 예배당에서 그녀는 모든 여정을 주관해주신 하나님께 감사 기도를 올렸다. 기도를 마 칠 즈음 목사님이 와서 반갑게 맞아주었다. 그녀는 그동안 있 었던 일들에 대해 목사님과 이야기를 나누었다. 그런데 헤어 지기 전에 목사님은 '내일 복음신문사에서 전화가 갈 테니 잘 받으라'는 말을 넌지시 건넸다. 무슨 일인지는 말하지 않고 전화를 받아보면 알게 될 거라며 웃었다.

다음 날, 목사님의 말씀대로 전화가 걸려왔다.

"안녕하세요, 박 집사님. 저는 복음신문사 사장 정진우 장 로입니다."

"예, 안녕하세요."

"집사님께서 은혜를 많이 받으셨다는 말씀을 들었습니다. 저도 집사님께서 경험하신 기적에 대해 듣고는 큰 은혜를 받 았습니다. 그래서 말인데요, 전도 집회를 다녀보시는 게 어떨 까요? 집사님께 이 말씀을 권하고 싶어 연락드렸습니다."

"아, 예. 감사합니다. 전도 집회라면 간증을 하면 되는 건 가요?"

"예. 그리고 박 집사님이 워낙 노래를 잘하시는 분이니 찬송가나 복음성가 음반을 만들어서 집회 때 부르면 좋지 않을까 생각해보았습니다. 분명 많은 분들을 전도하는 데 도움이 될 거라고 생각합니다. 자세한 얘기는 만나서 하는 게 좋겠습니다. 집사님을 꼭 한 번 뵙고 싶거든요."

그녀는 만나기로 약속하고 수화기를 내려놓으며 주먹을 불끈 쥐었다.

'그래, 바로 이런 일이야. 내가 할 수 있는 일이.'

그녀는 찬송가를 부르며 느꼈던 감정을 떠올렸다. 인간으로 견디기 힘든 고통 속에서, 구원받은 감격과 환희 속에서, 온갖 박해에 시달리면서, 죽음 가운데서 부르다 생명을 얻은 찬송가들은 세월이 흐르고 시대가 달라져도 성도들의 심금을 울리고 아무리 불러도 싫증나지 않는 영혼의 노래들이다. 그와 같은 노래를 자신의 목소리로 음반에 담는다는 것은 그녀에게 큰 영광이었다.

그녀는 며칠 후 목사님과 함께 정 사장을 만났다.

"복음이 가득 담긴 노래로 새롭게 전개하는 것이 좋을 것 같습니다."

"박 집사님, 제 생각도 정 사장님의 생각과 같습니다. 저도 집사님에게 하나님이 주신 달란트가 전도 사역이라고 생각합니다. 저도 집사님을 위해 기도하고 응원하겠습니다."

"목사님……."

그녀는 말을 잇지 못했다. 그때 정 사장이 더 큰 도움을 제안해왔다.

"집사님, 작곡가 김광수 장로님 아시죠? 제가 장로님께 집사님에 대해 말씀드렸더니 흔쾌히 곡도 주시고 음반 작업도 함께 해주시겠다고 하셨습니다."

"아… 사장님, 목사님. 정말 감사합니다. 저, 그런데 지금 저한테는 음반을 낼 돈이 없습니다."

"아니, 무슨 그런 걱정을 하십니까? 이 모든 일은 하나님께서 아셔서 하실 겁니다."

그날부터 그녀의 인생은 새롭게 변화되었다. 작곡가인 김광수 장로님을 만나러 가는 길은 발걸음도 가벼웠다.

"저도 집사님 말씀을 많이 들었습니다. 걱정하지 않으셔도 돼요. 우리가 만들 음반은 하나님의 말씀을 전하는 데 쓸 건데, 그런 일을 하면서 제가 집사님께 마음고생을 시키면 안

되지요. 이번 작업은 제가 알아서 할 테니 집사님은 노래에만 전념해주세요."

그녀는 기뻐서 눈물이 날 것만 같았다. 하나님을 찬양하는 노래를 부르는 일은 이전에 세상 노래를 부르던 것과는 아주 달랐다. 많은 연습 끝에 마침내 그녀의 첫 찬양 음반이 세상에 나오게 되었다. 그녀는 이제 대중 가수가 아니라 하나님의 자녀로 크게 쓰임을 받는 복음성가 가수로 다시 태어나게 되었다. 하나님은 말씀으로 그녀를 살리고 그녀의 아름다운 목소리를 사용하셔서 복음을 전하는 전도자가 되게 하셨다. 이렇게 하나님은 그녀를 이전의 박재란과는 다른 새 사람으로 창조하신 것이다.

"이전 것은 가고, 보라! 새것이 되었도다."

첫 찬양 앨범을 낸 이후 그녀의 삶은 크게 달라졌다. 찬양 앨범을 제작하는 과정에서 1주일 동안 금식 기도를 드린 그녀는 찬양 테이프의 판매 수익을 10달러로 하라는 응답을 들었다. 그녀는 그중 1달러는 십일조로, 4달러 50센트는 교회의 건축 헌금으로 드리겠다고 하나님과 약속했다.

그녀가 다니는 교회는 교인이 많이 늘어나 새 성전을 건축

하지 않으면 함께 예배를 드리기가 힘들 정도였다. 그래서 새 교회를 짓기 위한 건축 헌금을 받고 있었다. 그녀는 찬양 테이프 판매 수익의 거의 절반에 해당하는 물질을 하나님의 새 성전을 짓는 데 바치기로 작정한 것이다.

그녀는 그와 함께 앞으로는 하나님의 노래를 하는 사람으로 살겠다고 기도를 올렸다. 그것은 더 이상 나이트클럽 같은 무대에는 서지 않겠다는 선언으로 그녀로서는 쉽지 않은 약속이었다. 하지만 그녀는 자신의 생계를 모두 하나님께 맡기기로 했다. 하나님은 사람이 빵으로만 사는 것이 아니라 주님의 말씀으로 산다고(「신명기」 8장 3절) 말씀하셨고, 하나님의 자식은 먹여 거두신다고 약속하셨다. 그녀는 "구하라 그리하면 얻을 것이요 두드리라 열릴 것이니"(「마태복음」 7장 7절) 하는 말씀을 굳게 믿고 자신의 삶을 온전히 주님께 맡기로 했다.

그녀는 이후로 생계를 위해 일하던 무대에 나가지 않았다. 그 대신 목사님들과 장로님들이 가서 전하라고 하는 교회와 집회장으로 달려갔다. 넓디넓은 미국 땅에서 자신을 불러주는 곳이 있으면 어디든 마다하지 않고 달려갔다. 비행기에서 자고 일어나면서도 전도 집회장으로 가 주를 찬양하는 노래를 불렀다. 찬양 테이프가 100개 넘게 팔리는 날도 있었고, 10개도 안 팔리는 날도 있었지만 그녀는 크게 신경을 쓰지 않았다. 수익이 생기면 무조건 하나님께 약속한 대로 이행했다. 그것은 새로운 비전의 확장이었고, 선교 영역을 문화적으로 넓혀가는 노력이었다.

그녀의 경제 사정은 나이트클럽 무대에 설 때보다 좋지 않았지만 영적으로는 더 행복하고 평화로웠다.

> 주는 나를 기르시는 목자요
> 나는 주님의 귀한 어린 양
> 푸른 풀밭 맑은 시냇물가로
> 나를 늘 인도하여주신다

그녀는 항상 찬송 부르며 자신에게 이런 삶을 허락하신 하나님을 찬양했고, 하나님께서 자신을 버리지 않으실 것임을 믿었다. 그렇게 그녀는 소박한 삶을 살았고, 이것은 그녀를 더욱 강건한 복음 전도 일꾼으로 세우는 힘이 되었다.

그녀의 변화는 많은 사람들에게 감동을 주었다. 그녀의 간증과 찬양을 들은 사람들 가운데 많은 이들이 복음을 받아들이고 하나님의 자녀가 되었다. 얼마 지나지 않아 그녀는 미국에서 복음 사역자로 널리 이름을 알리게 되었다. 이처럼 미국에서 단련된 강한 믿음과 영적 강건함은 이후 한국에서 벌인 그녀의 전도 사역에도 큰 힘이 되었다.

# 주님 때문에
# 신바람 나고

누구든지 그의 말씀을 지키는 자는
하나님의 사랑이 참으로 그 속에서 온전하게 되었나니
이로써 우리가 그의 안에 있는 줄을 아노라

－「요한1서」 2장 5절

주여!
내가 주를 사랑하나이다.

주는 그녀에게 약속의 땅을 보여주셨다. 주가 가리키는 약속
의 땅은 다른 어떤 곳도 아니고 주가 가라고 이르신 땅이었다.
그것은 처음에는 우연으로 보였으나 언제나 준비되어 있던 일
이었다. 주님은 때가 되면 부르고 명하신다. 그곳으로 가라고.
그 명령 속에 주의 사랑이 가득 담겨 있음을 그녀는 이제 아주
잘 안다.

주여! 사랑합니다.
주님 때문에 신이 나고 두려움 앞에 떨지 않고 담
대합니다.

그녀는 약속의 땅의 관문인 여리고성을 정찰하고 돌아와 승
리할 수 있음을 보았던 여호수아의 마음을 가지게 되기를 기도
한다. 육신의 눈으로는 절대 승리를 거두지 못할 곳으로 보여
도 말씀의 갑주를 입고 가면 영적 승리를 거둘 수 있으리라는

것을 꿰뚫어볼 수 있는 눈을 갖게 해달라고 기도한다. 그리고 주가 가라고 명하신 곳으로 떠나는 것이다.

주여! 사랑합니다. 주의 평강이 당신 명하신 곳에서 넘쳐흐를 것입니다. 그곳에서도 저희가 온전해지도록 역사해주시옵소서.

실천하는 믿음, 전도하는 열정, 끊임없는 기도와 말씀 묵상은 복음 사역자가 된 그녀를 이루는 절대적 요소였다. 전도 사역으로 단련된 그녀는 이제 화려한 대중 가수였던 과거의 껍질을 벗고 소박하지만 하나님 보시기에 아름다운 사람이 되어 있었다. 이런 그녀의 변화는 어느덧 한국에도 알려졌다. 때마침 한국에서 부름이 왔다.

"돌아오셔서 고국에서도 신앙 간증을 해주시죠."

그녀는 대단한 재산이라고는 할 수는 없지만 부동산 등의 재산이 미국에 있었고, 시민권자이기 때문에 미국에서 그냥 살아도 되었다. 그런데 한국 교회로부터 전화를 받은 그녀는 안절부절못했다. 한국으로 돌아갈 수 있다는 사실에 눈물이

핑 돌았다. 그녀는 늘 고국으로 돌아가고 싶었다. 항상 자녀들을 걱정하며 기도해왔다. 그것은 속으로 삭이는 그리움이었다.

그녀는 항공사에 전화를 걸어 좌석을 예약했다. 미국 생활을 완전히 접은 것은 아니지만 서둘러 한국으로 나왔다. 무엇보다 어머니가 계시고 아이들이 있는 곳에서 선교 활동을 하고 싶었기 때문이다.

한국으로 돌아와 첫 겨울을 무사히 보냈다. 꽃샘추위도 지나가고 완연한 봄날이었다. 그녀는 외풍을 막기 위해 창문 틈을 막아두었던 헝겊과 테이프를 치우면서 하나님께 감사 기도를 드렸다. 한국에 들어와 처음 보금자리로 삼은 곳이 바로 신림동 하숙집이었다. 낡은 가정집의 방 하나를 얇은 천 하나로 나누어 쓰고 있는 쪽방에서 그녀는 무사히 1년을 보냈던 것이다. 그 하숙집은 낡은 서양식 2층으로 아침과 저녁 두 끼니를 주고 한 달에 25만 원을 받았다. 그 누추한 하숙집이 바로 그녀의 전도여행이 시작된 베이스캠프였다.

한때 화려하게 가수 활동을 하며 까칠하고 거만했던 그녀를 기억하는 사람들은 달라진 그녀의 모습에 놀라고, 열악한 신림동 하숙집에 사는 것에 의아해했다. 그러나 그녀는 당당했다. 조금도 부끄럽지 않았다. 어떤 불만도 없었다. 하나님의 복음을 알리는 기쁨을 누릴 수 있어 오히려 감사했다.

그녀는 자신이 한때 유명한 가수였고 공인이었다는 사실을 전혀 의식하지 않았다. 무엇보다 기도를 통해 들려오는 하나님의 음성이 그녀를 축복해주고 있었다. 그녀가 매일 기도를 드릴 때마다 하나님은 '현재 너의 고난이 네게 유익하리라' 하고 말씀하셨던 것이다. 그녀는 그 응답을 믿고 기꺼이 하나님의 뜻에 순종하는 삶을 살았다.

"얘야! 네가 하는 일 말이다."

어머니가 아주 심각한 표정으로 그녀를 불러세웠다.

"우리 가족은 모두 불교를 믿는데, 어떻게 네가 이러니?"

어머니는 우울한 표정을 지으며 거세게 반발하셨다. 언제나 그녀의 편이었던 어머니의 반대는 의외로 강력했다.

"한집에 두 종교를 믿는 사람이 모여 있으면 되는 일이 없다더라."

"엄마도 이제는 교회 나가셔서 구원을 받으셔야 해요."

"……."

어머니는 한참 동안 아무 말씀이 없으셨다. 그녀의 단호한 태도에 놀란 모양이었다. 그녀는 하루도 빠짐없이 어머니를 비롯한 자녀들, 형제들을 위해 기도했다. 그리고 어머니와 가족들을 교회로 인도할 자신이 있었다. 그녀는 신앙 문제로 어머니와 얼굴을 붉히는 대신 더 따뜻하고 더 다정하게 어머니에게 효도했다.

하지만 어머니는 딸이 하는 전도 집회를 좀처럼 이해하지 못했다. 온갖 고생 끝에 한국에 돌아온 딸을 걱정하면서 그 생활을 인정하지 않았다. 그녀는 마음이 급해지기도 했지만 거듭난 기독교인의 모습으로 어머니를 기다렸다.

일주일을 가득 채운 간증 스케줄로 지칠 법도 한데 그녀는 늘 밝은 모습이었다. 항상 신바람이 나 있었다. 모든 주변 사람들을 사랑의 마음으로 바라보았다. 또한 시련을 당할 때면 '하나님의 뜻이 무엇일까'를 먼저 생각했다.

"얘야, 네가 믿는 하나님이 어떤 분이신데, 늘 그렇게 즐거운 거니? 널 이렇게 변하게 하다니, 그리고 네 병이 이렇게 깨끗이 낫다니……."

마침내 지칠 줄 모르는 그녀의 믿음 생활에 어머니가 궁금증을 드러냈다.

그녀는 복음이 무엇이고, 하나님이 세상을 어떻게 창조하셨는지 어머니에게 잘 설명했다. 그리고 곧바로 성경책을 선물하고 교회에 나갈 것을 권유했다.

"그래, 네가 그렇게 좋다고 하니 나도 한 번 교회에 나가봐야겠다."

마침내 평생 불교를 믿던 어머니의 입에서 교회에 나가겠다는 말이 터져나온 것이다.

"엄마, 고마워요. 잘 생각하셨어요."

교회는 어머니의 영혼을 가랑비처럼 촉촉이 적셔주었다. 떨어져 지내는 동안 소원해졌던 가족 간의 관계도 믿음 생활을 통해 조금씩 회복되어갔다. 하나님의 은혜는 그녀 한 사람의 건강을 회복시켜주시는 데 그친 것이 아니라 가족과의 관계 회복도 이루어주셨다. 그것은 어떤 의미에서는 그녀를 진정으로 완전하게 치유해주신 것이라 할 수 있었다.

간증 집회에 초정하는 전화는 수도 없이 밀려들었다. 정신이 없을 정도였다.

"오늘도 간증 집회가 있니?"

"예, 엄마."

"좀 쉬는 날도 있어야 할 텐데, 너는 늘 바쁘구나."

"쉬다니요. 절 부르면 어디든 가야죠. 하나님 일인데요."

어느 날, 그녀는 서울 상계동에 있는 한 작은 교회를 찾아갔다. 그곳은 한쪽으로 기울어져 무너져가는 형태의 공간에 마련된 교회였다. 그녀가 예배를 드리러 들어가면서 벽을 살짝 만져보니 흙이 흘러내릴 만큼 환경이 열악했다. 교회 안에 들어가니 사과박스를 뒤집어 만든 강대상과 소박하게 걸려 있는 십자가가 보였다. 바닥에는 거적이 깔려 있었는데, 신도들이 거기에 앉아 예배를 드리는 모양이었다.

"이렇게 누추한 곳에 오시게 해서 죄송합니다."

"목사님, 무슨 말씀이세요! 저를 이곳에 불러주셔서 감사합니다."

예배 시간이 되자 40명 남짓한 사람들이 그녀의 간증과 노래를 듣기 위해 모였다. 그중에는 신자가 아닌 사람들도 끼어 있었다.

"여러분, 안녕하세요. 박재란입니다. 이렇게 하나님 은혜로 뵙게 되어 정말 감사하고 기쁩니다."

그녀는 복음과 신앙에 대해 설명하고 자신이 겪은 지난 세월의 이야기와 치유의 경험을 간증했다. 성도들은 그녀의 말을 경청하고 하나님이 역사하심을 함께 기뻐하며 감사 기도를 드렸다. 교인들은 그녀의 간증에 환호했고, 그녀는 그곳에서 자신의 간증보다 더 큰 성령의 은혜를 경험했다. 초라하고 가난한 교회였지만, 믿음만은 하나님이 매우 기뻐하실 만큼 강건한 성도들이었다. 마치 성령이 역사했던 다락방 같은 교회였다.

그녀는 그곳에서 지난 1년 동안 한국에서 열린 그 어느 전도 집회에서보다 깊은 영감을 받았고, 가장 풍성한 성령 충만을 경험했다. 그녀는 큰 은혜 가운데 준비한 프로그램을 잘 마쳤다.

"정말 감사합니다. 이거 얼마 안 됩니다만, 오가시는 데 교통비라도……."

목사님이 그녀에게 봉투를 내밀었다.

"목사님, 저 여기서 정말 크나큰 성령의 은혜를 느꼈습니다. 성령이 임했던 다락방과 같은 하나님의 놀라우신 사랑이 이곳에 있다는 것을 느꼈습니다. 정말 감사한 마음으로 저도 이걸 헌금으로 드리고 싶네요. 목사님, 이렇게 불러주셔서 정말 감사합니다. 기쁜 마음으로 돌아가겠습니다."

"아이구, 박 집사님. 저희가 더 감사하지요."

그때 남자 집사 한분이 그녀 곁으로 다가왔다. 눈이 퉁퉁 부어 있었다. 그는 그녀에게 자신의 인생 이야기를 나즈막히 들려주었다.

"저는 모태 신앙을 가지고 있던 사람입니다. 열심히 신앙 생활을 한 덕분에 인쇄 공장을 해서 돈을 벌었어요. 교회에서 아내를 만나 결혼하고 잘 살았고, 십일조 드리는 재미로 사업에도 몰두했지요. 그런데 사업이 점점 번창하고 수입이 늘어나면서 그만 시험에 들고 말았어요. 십일조를 떼어먹기 시작한 겁니다. 그때부터 사업이 점점 기울더니 거의 바닥을 치는 상황까지 됐어요. 그렇게 빈털터리가 되어 이곳으로 이사를 왔습니다. 오늘 박 권사님의 간증을 들으면서 많은 것을 깨달았습니다. 다시 힘을 얻었어요. 이제 다시 기도하겠습니다. 박 권사님도 저를 위해 기도해주세요. 제가 다시 승리할 수 있게요."

"당연하죠. 제가 집사님을 위해 꼭 기도하겠습니다. 집사
님의 꿈이 실현되기를 기도하겠습니다."

그녀는 복음 승리의 기쁨을, 성령을 받은 데 대한 감사를
함께 나누었다. 그녀는 알고 있었다, 기독교인에게는 우연이
없다는 것을. 모든 것은 하나님의 치밀한 섭리에 따라 움직일
뿐이었다. 언제나 섬세하고 구체적인 하나님의 손길이 그녀
를 끊임없이 격려했다. 그녀가 돈을 벌기 위해 아등바등하지
않아도 하나님은 그녀를 먹이고 입히고 재우셨다. 그것이 다
른 사람들이 보기에는 보잘것없는 것이었다 해도 가족들은
그렇게 살아가는 그녀의 모습에서 복음을 믿는 자의 영적인
건강함을 보았다. 가족들은 그녀가 신림동에서 3년 넘게 살면
서도 불평 한 마디 없는 것을 보고 한편으로 의아해했고, 다
른 한편으로는 불쌍히 여겼다. 누구보다 화려하고 최고의 가
수였던 그녀가 아닌가.

신림동에서의 전도 사역이 4년째 접어들던 어느 날, 여동
생에게서 연락이 왔다.

"언니, 나야. 남편이 일본으로 발령이 나서 일본에 들어가
살게 되었어. 언니가 우리 아파트에 와서 살아라. 응?"

"어머, 그래도 괜찮겠니?"

"그럼. 남편도 언니가 들어와 사는 게 좋겠다고 했어."

"고맙구나."

그렇게 해서 그녀는 작은 쪽방 하숙집에서 물건들을 챙겨 아파트로 이사하게 되었다. 쪽방에 비하면 동생 집은 대궐이었다. 그녀는 새로 거할 장소를 마련해주신 하나님께 감사를 드렸다. 그런데 더 놀라운 일이 그녀 앞에 예비되어 있었다.

이사한 지 얼마 지나지 않아 상계동 간증 집회에서 만났던 남자 집사에게서 전화가 걸려왔다. 오랜만이어서 그녀는 아주 반갑게 전화를 받았다.

"박 권사님, 하나님께서 제 기도에 응답해주셨습니다."

"그게 무슨 말씀인가요?"

"다시 인쇄소를 인수해 오픈을 했습니다. 계약을 마치고 나니 권사님이 생각나서 전화를 드렸습니다."

"정말 축하합니다! 그런데 교회 건축은 어떻게 됐나요?"

"권사님이 다녀가신 뒤 교회 건축 운동이 일어났어요. 그래서 지금은 아주 아름다운 성전이 완공되었습니다."

이처럼 기쁜 소식이 또 어디 있을까. 그녀는 그 이야기를 듣고 마치 자신의 교회를 얻은 것처럼 기뻤다.

얼마 후 그녀는 차도 마련하고 아파트도 분양을 받았다. 하나님의 사랑과 은혜가 파도처럼 가슴에 밀려왔다.

"주님, 감사합니다! 제게 이런 기쁨을 주시다니요. 저를 이토록 사랑하시다니요. 아무 공로도 없는 저를 이렇게 붙잡아 주시다니요."

감사 기도를 하는 그녀의 눈에서 하염없이 눈물이 흘러내렸다. 새로운 거처에서 그녀는 더 열정적으로 복음을 전파하러 다녔다.

선명한 아침 햇살이 창가로 스며들었다. 창문을 활짝 열었다. 맑은 공기, 정원의 나무들, 푸른 하늘······.

날아갈 듯 마음이 가볍고 매일매일이 즐거웠다. 그것은 넘치는 평안과 기쁨이었다.

# 넘치는 평안과 기쁨

오직 성령이 너희에게 임하시면 너희가 권능을 받고
예루살렘과 온 유대와 사마리아와 땅 끝까지 이르러
내 증인이 되리라 하시니라

– 「사도행전」 1장 8절

돌아보면 언제나 길 위에 있었다. 물과 성령으로 다시 태어난 뒤 그녀는 길 위에 있었다. 순례자들이 긴 여정의 길에 있었던 것처럼.

고단한 길이었다. 함께 가는 사람들이 있었지만, 어느 날에는 또 혼자이기도 했다. 영적 승리로 풍족한 영혼을 지니게 되었지만 나이가 들어갈수록 육신은 나약해졌다. 조금씩 주저앉는 날도 생겼다. 그러나 그녀는 다시 일어나 길 위에 섰다. 그럴 때면 그녀를 세우시는 하나님의 손길이 길의 모습으로 현현한 것만 같았다. 길이 주의 손 같았다.

걷다보면 또 많은 이들이 그녀 곁으로 모였다. 그들은 잠시 그녀 곁에 있다가 주님이 보내시는 곳으로 떠났다. 계절 따라 눈 내리고 비바람이 불기는 해도 길가에는 꽃이 피고 맑은 날이 더 많았다. 그녀는 가끔 봄날 길가의 꽃그늘에 앉아 순례의 끝을 가늠해보기도 했다.

주여 어디까지 저를 보내실 것입니까? 그렇게 묻기도 했다.

한평생이 여행 같았다. 그 여행에 주님이 함께하셔서 기뻤다는 생각에 그녀는 미소를 지어본다.

길이 끝난 곳에서 다시 길을 내시는 하나님!

부족한 종인 저는 주께서 말씀하신 땅 끝이 어딘지 모르지만, 그곳까지 가서 주의 증인이 되게 하소서.


그녀는 지금도 길 위를 걷고 또 걷는다.

❧

한반도 남쪽 끝 목포, 호남선의 마지막 역. 그녀는 차창 너머로 속도를 줄인 열차가 목포역 플랫폼에 미끄러져 들어가는 것을 바라보았다. 한 번도 와본 적 없는 곳이었지만 눈에 들어온 목포역의 모습은 여느 역과 마찬가지였다. 열차가 멈추기도 전에 몇몇 승객은 자리에서 일어나 짐을 챙겨 통로로 나섰다. 회색 플랫폼을 멍하니 바라보고 있던 그녀도 머리를 한 번 쓸어 올리고는 옆에 잠들어 있는 자매를 돌아보았다. 그녀와 동행한 자매는 긴 기차 여행에 지쳤는지 혹은 최근 몇 주간의 강행군 때문에 지쳤는지 꽤 깊이 잠들어 있었다. 그녀는 자매의 어깨를 잡고 살며시 흔들었다.

"목포역이야. 일어나야지."

"어, 권사님. 목포에 도착한 거예요? 죄송해요, 너무 졸려서 그만."

"정말 목포가 멀긴 머네."

두 사람은 서로를 바라보며 잠시 미소를 짓고는 서둘러 선반 위의 가방을 내렸다. 찬양 테이프 세트가 들어 있는 가방은 꽤 묵직했다.

잠깐 사이에 대부분의 승객들이 플랫폼으로 빠져나가고 열차에 남은 사람은 얼마 없었다. 두 사람은 통로를 지나 좁은 계단을 통해 플랫폼에 내려섰다. 마중 나온 사람들과 재회의 기쁨을 나누느라 플랫폼에 남아 있는 사람도 있었지만 다들 각자의 길로 바삐 흩어지고 있었다. 그 모습을 보니 왠지 목포가 종착역이 아니라 환승역인 것 같다는 느낌도 들었다. 시간표에 따라 정해진 열차를 갈아타야 하는 사람들처럼 바빠 보였던 것이다.

하지만 목포는 이 노선의 종착역이었다. 그녀는 입술을 움직여 종착역이라는 말을 한 번 웅얼거려보았다. 그 종착역에서 다시 한참을 더 가서 마치 한반도의 끝에 있는 섬처럼 느껴지는 곳까지 가야 한다. 그녀는 그렇게 되뇌었다. 그 섬에 하나님의 말씀을 전하러 내려온 것이다.

마중 나온 사람은 아무도 없었다. 두 사람을 맞아준 것은 서해 바다를 거치며 달려와 더 거세진 바람이었다. 그녀는 바람의 힘을 느끼며 빨리 배를 타야겠다고 생각했다. 그 바람 때문에 섬에 가지 못하게 되면 먼 길을 달려온 보람이 없어지기 때문이었다. 그녀는 발걸음 속도를 높였다. 함께 간 자매도 그녀를 따라 잰걸음으로 걸었다. 역을 빠져나오면서 그녀는 빨리 택시를 타고 가야겠다고 생각했다.

역 광장에서 택시를 잡고 여객 터미널로 가달라고 말했다. 그녀는 택시 안에서 1970년대 분위기를 풍기는 슬레이트 건물이 늘어서 있는 목포 시가지를 바라보며 하나님께 기도를 드렸다. 하나님께서 예비하신 일을 하고 있지만, 목포까지 내려오는 내내 왠지 마음을 졸였던 것이다.

며칠 전 전화가 와서 받으니 암태도 교회의 목사님이었다. 목사님의 목소리에서는 힘차고 당당한 힘이 느껴졌다. 목사님은 먼저 자기소개를 한 다음 용건을 말했다. 그녀는 목사님의 말씀을 듣고만 있었다. 목사님은 복음을 위해서라면 어디든 찾아간다는 소문을 들었다면서 암태도에 와서 신앙 간증

집회를 해달라고 부탁했다

'암태도? 그 섬이 도대체 어디에 있는 섬이지?'

그녀는 통화를 하면서 고개를 갸웃했다.

"목사님, 저 죄송한데 암태도가 어디에 있는 섬인가요?"

"전라남도 목포 옆에 있는 섬입니다."

그 말을 듣자 너무 멀어서 가기 힘들 것 같다는 생각이 들었다.

"목사님, 지금 잡혀 있는 스케줄에 너무 많아서 그곳까지 가기는 좀 곤란할 것 같아요. 정말 송구합니다."

목사님은 좀 실망한 눈치였지만 곧 알았다고 대답했다. 그렇게 암태도에는 가지 않기로 일단 결정이 났다. 그런데 그날 밤 그녀는 잠을 제대로 이룰 수 없었다. 이상한 일이었다. 몇 시간을 뒤척이다 잠들었는데, 내용이 자세히 기억나지 않았지만 뭔가 크게 혼나는 꿈을 꾸었다. 그런 꿈을 꾸고 나니 기분이 좀 이상했다. 그녀는 새벽 예배를 드리러 교회로 가기 전에 엎드려 기도했다. 그 순간 깨달았다. 하나님의 음성을 듣고 순종해야 한다는 것을.

'그래, 어제 목사님의 요청을 거절한 게 문제였어.'

그녀는 자신이 범사에 감사하고 늘 기뻐하며 하나님께서 주신 모든 것들을 누리는 데 집중하지 못했다는 사실을 깨달았다. 하나님의 뜻에 따라 아침에 뜨는 해, 따스한 날씨, 사람들과의 관계, 자식들과의 관계, 직업, 팔다리며 머리카락 한 올까지 하나님께서 주신 생명으로 하루하루 잘 누리고 있는 것, 바로 그것을 잊고 있었던 것이다.

그녀는 곧장 암태도 목사님에게 전화를 걸었다.

"안녕하세요, 목사님. 저 박재란인데요, 어제 말씀하셨던 것 하겠습니다."

"박 권사님, 고맙습니다. 그럼 내려오시는 걸로 알고 준비하겠습니다."

"예, 목사님. 곧 뵙겠습니다."

전화를 끊고 나니 그제야 마음이 놓였다.

집회를 위해 찬양 테이프 세트를 가져가는 것과 서울에서 목포까지 가는 대중교통을 비롯해 암태도까지 가는 방법을 알아보면서 그녀는 암태도가 막연히 생각한 것보다 더 멀리 있다는 사실을 깨달았다. 내려가는 데 한나절 이상 걸렸기 때문에 다음 날이나 되어야 서울로 올라올 수 있었다. 하지만 이미 내려가겠다고 약속을 한 터였다.

목포역에서 15분쯤 달려 택시가 여객 터미널 앞에 멈춰 섰다. 두 사람은 택시에서 내려 터미널 건물로 들어갔다. 매표소 앞에는 사람들이 꽤 몰려 있었지만 뭔가 어수선해 보였다. 줄을 서 있는 사람들도 있었지만, 여기저기 모여 웅성거리는 사람들도 있었다. 함께 간 자매가 암태도 가는 표를 어디서 사는지 알아보겠다며 매표소 창구로 갔다. 그녀는 예감이 좋지 않았다. 그녀의 예감대로 자매가 난처한 표정을 지으며 돌아왔다.

"바람이 거세고 파도가 높아서 여객선 운행이 전면 중단되었대요."

매표소 근처에 자리를 잡고 있는 사람들은 혹시나 하는 마음에 파도가 잔잔해지기를 기다리던 사람들이었다.

그녀는 암태도로 전화를 했다.

"목사님, 지금 목포 여객 터미널에 도착했는데, 파도가 높고 바람이 강해서 여객선이 뜨지 않는다고 하네요. 아무래도 이대로 올라가야 할 것 같아요."

"안 됩니다, 권사님. 꼭 오셔야 합니다."

수화기 건너편에서 들려오는 목사님의 단호한 대답에 그녀는 깜짝 놀랐다. 혹시 잘못 들은 게 아닌가 싶어 다시 물었지만 목사님의 대답은 똑같았다.

"권사님, 밤새 기도를 하고 하나님께 응답을 받았습니다. 오늘 여기에 오실 수 있고, 또 오셔야 합니다."

"배도 없는데 어떻게……."

그녀는 당황해서 말을 잇지 못했다.

"염려마세요. 목포에 제 친구 목사님이 있는데, 20분 안에 여객 터미널 앞에 도착할 겁니다. 그 목사님의 지시를 따르세요. 그럼 교회에서 뵙겠습니다."

"예?"

그녀가 놀라서 물었지만 전화는 이미 끊어진 뒤였다.

두 사람은 여객 터미널 안에서 15분쯤 앉아 있다가 밖으로 나왔다. 바람의 기세가 더 강해져 있었다. 얼마 뒤 검은색 세단이 두 사람 앞에 와서 섰다. 운전자가 창문을 내리고는 밖을 향해 소리쳤다.

"박재란 씨죠? 암태도 교회 목사님의 부탁을 받고 왔습니다. 어서 타세요!"

그녀는 자매와 함께 차에 올랐다. 차에 오르기가 무섭게 차는 여객 터미널을 빠른 속도로 빠져나갔다.

"어디로 가시는 거죠?"

그녀가 침묵을 깨고 물었다.

"여기 말고 다른 항구로 갑니다."

그것만으로는 대답이 부족하다고 느꼈는지 그가 곧 말을 덧붙였다.

"목사님이 권사님을 위해 다 준비해놓았습니다. 아무것도 걱정 마세요."

얼마 뒤, 세단은 항구로 보이는 곳에 도착했다. 그 항구에는 부두가 있었지만 여객선이 뜰 수 있을 것 같지는 않았다.

"다 왔습니다. 내리시지요."

그녀는 자매와 함께 차에서 내렸다.

"여기 계시면 배가 곧 올 겁니다. 복음 잘 전하시고 기쁘게 오세요."

목사님은 그렇게 말하고 떠났고, 바람이 몰아치는 부두에 그녀와 함께 간 자매만 남겨졌다.

"큰 배도 못 뜨는데 무슨 배를 띄운다는 걸까?"

"그러게 말이에요."

두 사람은 짧은 대화를 나눈 뒤 한동안 파도 소리에 귀를 열어두고 있었다. 파도는 부두의 방파제 앞에서 더 거칠게 부서지고 있었다. 부두에 접안해 있는 배라고는 어선들뿐이었다. 아무래도 암태도 교회의 목사님이 준비했다는 배는 사람들을 실어 나르는 여객선은 아닌 것 같았다.

통통통…….

수평선 쪽에서 통통거리는 뱃소리가 바람소리에 묻어 들려왔다. 아주 작은 배였다. 배를 모는 사람과 어부 한 사람이 타면 선실이 비좁을 것 같은 배였다.

"설마 저 배는 아니겠지? 그냥 파도가 심해서 부두에 배를 대려고 오는 거겠지?"

그녀가 설마 하는 표정으로 자매에게 말했다. 그런데 배가 점점 두 사람이 바닷바람을 맞으며 서 있는 부두 쪽으로 다가왔다. 가슴이 철렁 내려앉았다.

"거기 박재란이란 사람 있당가요?"

부두에 있는 사람은 그녀와 자매뿐이었으므로 그녀는 그 질문에 모른 척할 수가 없었다.

"제가 박재란인데요."

"교회에서 이 배를 보냈으니 타시랑게요."

그녀는 놀라서 자매를 바라보았다. 그 배가 자신들이 타고 갈 배라는 사실에 자매는 크게 동요하고 있었다. 얼굴이 백지장처럼 하얗게 변했다.

"권사님, 저 배를 탈 수는 없어요. 우리 저 배 타지 말고 그냥 서울로 올라가요. 네?"

그녀도 그 말에 잠시 망설였다. 그대로 올라갈 것인가? 아니면 이 배를 탈 것인가? 마음속으로 그런 질문을 하는 잠깐 사이에도 작은 어선은 파도에 크게 흔들리고 있었다. 그런 배를 탄다는 것이 너무 위험해 보였다.

"아니, 이 배를 타고 암태도까지 갈 수 있다고요? 위험하지 않나요?"

"걱정 말고 타시랑게요."

잘못하면 이번이 마지막 전도 여행이 될 수도 있었다. 죽을 수도 있겠다는 생각이 그녀의 머릿속을 꽉 채웠다. 가슴이 철렁 내려앉았다.

# 하나님의 세계,
# 기적의 세계

내가 진실로 진실로 너희에게 이르노니 내 말을 듣고 또 나 보내신
이를 믿는 자는 영생을 얻었고 심판에 이르지 아니하나니 사망에서
생명으로 옮겼느니라

– 「요한복음」 5장 24절

빛이요 진리이신 예수님!
성령과 물로 세례를 내리시는 주여!
내가 주를 믿나이다.


주의 사랑으로 독생자 예수께서 우리에게 왔음을 아나이다.
　예수를 믿음으로써 우리가 멸망치 않고 영생을 얻은 것을 믿
나이다.
　주의 사랑으로 심판 이르지 않고 사망의 권세에서 벗어나
　새 하늘과 새 땅에서
　우리가 부활할 것을 믿나이다.


　우리의 약한 믿음이 거친 파도 앞에서
　가끔 부서져도
　우리의 마음을 잠잠하게 하시는 주의 권능을
　증거하고 간증하나이다.


　주가 여기 계시고
　여기에서 역사하심을

주의 나라가 이 땅에 임하는 날까지

찬양하나이다.

푸른 파도가 해변의 바위와 힘차게 부딪치며 산산이 흩어지는 모습을 보면 바다의 위용에 저절로 몸이 움츠러들었다. 바닷물은 검푸른 파도가 되어 거칠게 몰아치고, 하늘에는 검은 구름이 잔뜩 끼어 온 세상이 어둠에 휩싸인 것 같았다. 순간 그녀는 죽음의 그림자가 자신의 의식뿐만 아니라 육체마저 장악했던 지난날을 떠올렸다.

'그래, 그때 이미 나는 죽은 목숨이었어. 그런데 내 믿음은 아직도 이 정도밖에 안 되는 걸까?'

그녀는 눈을 질끈 감았다.

'하나님은, 예수님은 폭풍도 잠재우시는 분이 아닌가. 모든 것은 하나님께서 정하신 대로 될 것이다. 인간의 생사화복을 주관하시는 분은 하나님이시다. 내 생명이 여기까지라면 복음을 전하다 죽는 것이니 하나님 보시기에 기쁘신 일일 것이다. 죽고 사는 일은 하나님의 뜻에 달린 것!'

그녀는 담대해졌다. 용기가 불끈 솟아났다. 하나님의 진리를 다시 한 번 깨닫고, 자신이 바로 그 해당자라고 생각하자 가슴이 뜨거워졌다.

"타자!"

"예?"

"괜찮아. 타자."

자매는 잔뜩 겁에 질린 얼굴이었지만 배로 다가가는 그녀를 막지 못했다. 두 사람은 먼저 짐을 선장에게 건넨 뒤 흔들리는 배에 겨우 몸을 실었다. 배는 통통거리면서 넓은 바다를 향해 뱃머리를 돌렸다. 곧 하늘과 바다만이 그녀의 눈에 들어왔다.

배는 파도를 타넘느라 더 심하게 흔들렸다. 너울은 파도 속에서 뿌연 물안개를 피어올렸다. 그녀와 함께 간 자매는 갑판에 주저앉아 파도 하나를 넘을 때마다 뱃전으로 몰아닥치는 바닷물을 보았다. 그 바닷물에 옷이 젖고 있었다.

파도가 뱃전을 때리고 갑판으로 넘어 들어오는 것을 보고 놀란 두 사람은 비명을 질렀다. 무서우리라고는 예상했지만 이 정도일 줄은 몰랐던 것이다.

그때 그녀의 입에서 찬양이 흘러나왔다.

아골 골짝 빈들에도 복음 들고 가오리다…

그녀의 찬양이 넓은 바다 위에서 계속 울려퍼졌다.

저 망망한 바다 위에 이 몸이 곤할지라도
오늘은 이곳 내일은 저곳 주 복음 전하리

자매도 비명을 멈추고 그녀와 함께 찬양했다. 어느새 두려움이 사라지고 담대하고 평화로운 느낌만이 두 사람을 감싸고 있었다.

큰 바다로 나아가면서 배의 흔들림이 차츰 잦아들었다. 파도와 바람도 부드러워졌다. 큰 배도 뜨지 못할 만큼 센 풍랑이 어느새 나긋해져 그녀들이 탄 배를 섬 쪽으로 밀어주고 있었다. 그녀는 하나님의 손길이 얼마나 위대한지 새삼 깨달았다.

마침내 암태도가 눈앞에 보이기 시작했다. 배들이 모여 있는 부두 근처에 십자가를 올린 교회도 보였다. 그녀는 하나님을 부르며 감사의 기도를 올렸다.

'하나님, 감사합니다. 하나님의 은혜로 여기까지 무사히 왔습니다.'

교회에 도착하니 목사님이 반갑게 맞아주셨다.

"오시느라 정말 고생 많으셨습니다. 어서 오세요."

"목사님의 기도 덕분에 무사히 올 수 있었는걸요. 이제 하나님께서 경험하게 해주셨으니 그에 알맞은 행동으로 응답해야지요."

"아이고, 옷이 많이 젖으셨네. 먼저 따뜻한 차라고 드세요."

그녀와 자매는 소박한 나무 의자에 앉아 따뜻한 차를 마셨다. 그리고 나서 목사님 방을 나와 교회를 둘러보았다. 여러 개의 창문으로 바다가 내다보이는 작고 아름다운 교회였다. 십자가 아래 작은 강대상이 있고 그 앞에 긴 의자가 나란히 놓인 모습은 어디에서나 볼 수 있는 교회의 모습이었지만, 왠지 더 정감 있게 느껴졌다.

"밖에서 볼 때는 작아 보였는데, 아주 아늑하네요."

"감사합니다."

목사님은 따뜻하고 인자했다.

"교인이 몇 명이나 되지요?"

"스무 명 정도 됩니다."

"그렇군요."

"조금 있다가 집회를 시작할 텐데, 좋은 말씀 부탁합니다."

"예, 목사님."

창문 너머로 바다에서 일과를 끝낸 어선들이 돌아오는 모습이 보였다. 모두 무탈한 것 같았다. 여객선도 뜨지 못할 파도였지만 바다에서 잔뼈가 굵은 어민들의 노련함으로 그 정도는 슬기롭게 헤쳐나온 게 분명했다. 물론 그들만큼 바다를 두려워하는 사람들도 없을 것이다. 감당할 수 있을 정도의 파도가 아니라면 그들도 거친 파도가 몰아치는 바다를 묵묵히 바라보고만 있었을 것이다. 어쨌든 그들이 무사히 작업을 마치고 돌아오는 것을 보며 그녀는 안도감을 느꼈다.

예정된 예배 시간이 되자 20명 남짓한 교인들은 물론 섬 주민들이 대부분 교회에 모인 듯했다. 아담해 보이던 교회가 비좁아 보일 정도였다. 바다가 보이는 창문 쪽에도 사람들이 모여 있었다. 서울에서 유명한 가수가 말씀을 전하러 내려왔다는 소문이 섬 전체에 돌아 이렇게 많이 온 것 같다고 목사님이 귓속말을 했다. 그녀는 미소를 지으며 강대상으로 나갔다. 그리고 여느 때와 마찬가지로 자신이 하나님을 영접할 때 경험한 기적과 살아 계신 하나님, 예수 그리스도의 부활에 대해 증거했다. 또한 어느 때보다 뜨겁게 찬양을 했다. 파도를 뚫고 올 때 부른 찬양처럼 힘차게 불렀다. 교회에 모인 사람들도 그 넘치는 에너지에 호응해 크고 힘차게 '주여!'를 외치며 함께 찬양했다.

"하루하루 하나님과 함께하며 그분의 인도하심을 들었을 때, 하나님의 세계와 기적의 세계를 체험하게 됩니다. 저는 일개 가수였던 박재란입니다. 많은 실수와 잘못을 저지른 사람이지요. 하지만 누구든지 하나님을 믿으면 개인 한 명 한 명이 누구를 통하지 않은 직접적이고 친밀한 일대일 관계를 하나님과 맺게 되는 것입니다."

교인들은 모두 바닥에 주저앉아 기도를 드렸다. 목사님의 눈에 이슬방울이 맺혔고, 그녀의 눈에서도 눈물이 흘러내렸다. 그곳에 모인 사람들은 누가 먼저랄 것도 없이 감격적인 기도를 드리기 시작했다. 그동안 신앙생활과는 무관한 삶을 살았던 사람들이 하나님을 영접하고 있었다. 절묘한 사건과 절묘한 시간을 통해 하나님은 당신의 뜻을 이루고 계셨다. 기도의 참맛을 아는 사람들만이 누리는 은혜의 잔치였다.

"자매님! 찬양 테이프를 여기 계신 분들께 나눠드리세요."

간증 집회가 끝나면 1만 원씩 받고 팔 생각으로 들고 온 찬양 테이프였지만, 그녀는 그냥 선물하기로 했다. 찬양집 세트는 1집과 2집, 3집을 함께 묶어서 팔고 있었는데, 사람들이 워낙 많이 오는 바람에 세트를 하나씩 뜯어서 나눠주었다.

"믿음 생활 하시면서 서로 돌려 들으세요."

그녀는 받을 때보다 줄 때 더 행복하다는 것을 체험했다. 어머니의 마음처럼 이웃을 긍휼히 여기고 사랑을 베푸는 후덕함으로 마음이 채워지는 큰 충만감을 느꼈다. 당장 다음 달 살림살이에 문제가 생길지도 모르지만, 그런 것은 크게 신경 쓰지 않았다. 물질이란 복음의 승리가 주는 기쁨에 미치지 못한다는 것을 다시 한 번 느낀 것이다. 함께 테이프를 나누어 주는 자매도 어느 때보다 기쁘게 웃고 있었다.

집회를 모두 마친 뒤, 그녀는 새벽길에 나섰다. 하나님이 마련해놓으신 새벽은 청정했다. 빛은 마치 숨어 있었던 것처럼 여기저기에서 솟아나고 있었다.

"바다 날씨는 쉽게 예측할 수 없습니다. 파도가 잔잔할 때 목포로 나가는 게 좋을 것 같습니다."

목사님이 그녀를 배웅하며 말했다. 돌아오는 길에는 파도가 치는지 알 수 없을 만큼 바다가 잔잔했다. 그래서 바다 위를 미끄러지듯 나아가고 있었다. 복음을 전하고 돌아가는 딸에게 '수고했으니 편히 돌아가라'고 하나님의 손길이 쓰다듬어주시는 것 같았다.

이후에도 그녀는 날마다 하나님에 대한 믿음을 순간순간 확인하며 예수를 증거하는 삶을 살았다. 가수 시절 지방 순회공연을 다니던 것처럼 그녀는 간증 집회를 위해 부산에서 전주로, 마산에서 진주로 자신을 원하는 곳이면 어디든지 달려갔다. 그리고 가수로서의 성공과 실패, 예수님을 믿게 된 사연, 하나님의 사랑을 체험한 이야기를 모두 털어놓았다.

그날도 지방 집회를 막 끝내고 돌아와 자리에 누웠는데, 몸 상태가 뭔가 이상했다.

"하 나 님……."

그녀는 두 눈을 꼭 감고 잠을 청했다. 그런데 눈을 감으면 감을수록 정신이 또렷해졌다. 몇 번이나 뒤척이다가 다시 잠을 청하려고 하는 순간 찢어질 듯한 심장의 통증이 느껴졌다. 곧 두 딸과 사위가 달려왔다. 딸들은 아무 말 못한 채 공포에 질려 있었다.

"목숨이 위독한가요?"

의사에게 묻는 딸의 목소리가 떨리고 있었다.

"음, 그런 것 같습니다. 회복이 불가능할지도 모릅니다. 심장에 피를 공급하는 혈관에 문제가 생긴 데다가 나이가 들면서 생긴 부정맥도 심해져 위급한 상황입니다. 수술을 통해 부정맥은 어느 정도 치료했지만, 심장 혈관에 생긴 문제는 여전히 손을 쓸 수 없는 상태입니다."

그때 목사인 둘째 사위가 기도를 드렸다.

"생명의 주관자이신 하나님, 지금 박 권사님이 생사의 갈림길에 있습니다. 치료의 하나님, 언제나 그랬듯이 어머니를 치료해주셔서 완치의 기쁨을 간증하게 하옵소서."

그녀 역시 그 위급한 상황에서도 기도를 놓치지 않았다.

"아직 하나님의 말씀 전하는 일을 더 하고 싶습니다. 하나님이 부르면 언제든 하늘나라로 갈 준비가 되어 있지만, 지금은 하나님의 사역을 더 하고 싶습니다. 더 많은 사람들을 전도하고 싶습니다."

이 세상에 하나님의 손길이 미치지 않는 일은 없었다. 절망적인 상태였던 그녀는 차츰 회복을 했다.

얼마 뒤, 그녀는 심장 상태를 살피기 위해 다시 병원을 찾았다. 담당 의사가 검사 결과를 보고는 놀라는 얼굴로 말했다.

"아니, 어떻게 이런 일이 있죠? 혈관이 많이 회복되었습니다. 기적입니다."

그도 신실한 기독교인이라 그녀의 사연을 잘 알고 있었다.

"권사님, 계속 약을 드셔야 하지만 믿기 어려울 만큼 많이 좋아졌습니다."

하나님께서는 정말 다양한 방법으로 그녀를 감동시키셨다. 그녀의 마음은 감사로 가득 찼다.

'감사의 기도를 드리며 눈물이 나오는 것을 어찌하랴. 하나님의 은혜와 사랑이 날로 새로워지는 것을 어찌하랴.'

# 하나님의 사랑은 현재진행형

하나님의 날이 임하기를 바라보고 간절히 사모하라 그 날에 하늘이
불에 타서 풀어지고 물질이 뜨거운 불에 녹아지려니와 우리는 그의
약속대로 의가 있는 곳인 새 하늘과 새 땅을 바라보도다

– 「베드로후서」 3장 12~13절

"주께서는 혼례를 기다리는 아내에게 갑자기 오는 신랑처럼 하나님의 날이 오실 것이라고 하셨지만, 아직 믿음이 부족한 저는 하나님의 날이 매일매일 조금씩 열리는 줄 압니다. 여기 오늘도 주의 날을 맞는 당신의 아들딸들이 있습니다. 주여, 우리를 기억해주시옵소서."

그녀는 그렇게 회심하여 하나님을 영접한 성도들과 함께 기도한다. 비록 병들고 허약한 몸이지만 아직 말씀의 힘으로 서 있는 그녀가 그들과 함께 찬양한다. 매일같이 주의 섭리와 사랑, 기적을 간증하고 증거하고 다닌 그녀였지만, 이제 새 하늘과 새 땅이 열리는 날에 대해 좀 더 많이 고민해보려고 한다. 그날을 어떤 마음으로 기다려야 하는지 말하려고 한다.


주의 역사는 깊고 오묘하여 그 예비하심을 다 헤아릴 수 없지만 그녀는 조금이라도 가까이 가보고자 한다. 언제나 말씀을 펼쳐놓고 그 안에서 속삭이는 듯한 작은 기척도 놓치지 않도록 온 신경을 집중해 성경을 읽는다.

혼자 읽기도 하고 많은 사람들과 함께 읽기도 한다. 주의 날이 오기를 사모하는 일이 혹 이런 것이 아닐까 자문해보면서. 그러나 언제나 귀를 기울이면서 읽는다. 밤의 어둠을 뚫고 오는 작은 등불이 타는 소리가 주의 부르심이 아닐까 생각하면서, 주의 말씀은 조용한 부르심이 아닐까 생각하면서. 그렇게 깨어서 성경을 읽는다. 그리고 그날이 오면 곁에 있는 사람들에게 이렇게 말하는 것을 상상해보기도 한다. 전도할 때의 당당함을 그대로 보여주면서 이렇게 말하는 자신의 모습을.

"이제 하나님의 날이 임할 때가 되었으니 우리 함께 준비합시다!"

물론 하나님께서 원하실 때만 그렇게 할 것이다. 어쨌든 그녀는 말씀을 읽으며 잠들고, 하나님의 나라를 기다리는 마음으로 아침을 맞는다. 창가에 어린 어스름은 조금 지나면 햇살에 자리를 내줄 것이다. 아침은 그렇게 오니까.

성경을 읽는다. 교회 안 카페에서 커피 한 잔을 앞에 두고 성경을 읽는다. 가을날 오후, 푸른 하늘에서 흘러내리는 햇빛이 교회 주차장에서 하얗게 부서지고 있었다. 그녀는 잠시 고개를 들어 커다란 통유리를 통해 조금은 스산한 풍경을 내다보았다. 나뭇잎 하나 떨어져 있지 않은 주차장의 깨끗한 바닥, 반듯하게 주차된 자동차들이 눈에 들어왔다. 햇빛은 그보잘 것 없는 풍경에도 비치고 있었다. 그녀의 눈에는 빛이 닿지 않는 그늘도 그저 어둡게만 보이지 않았다. 오후의 햇빛이 아니라면 드러날 수 없는 어둠, 빛은 어둠도 세상과 어우러지라고 그늘을 남겨두고 있는 것이었다.

그녀는 「예레미야」를 읽고 있었다. 슬픔의 선지자 예레미야, 망국의 운명을 이야기해야 했던 예레미야……. 그러나 폐허가 되는 땅에서 다시 포도가 열리고 사람들이 새롭게 나라를 일으킬 것까지 미리 내다보았다는 것을 성경은 말하고 있었다. 눈앞의 번영이 아니고 지금 겪고 있는 고난이 희망을 잉태한 씨앗이란 것을 알려주는 「예레미야」를 처음 읽는 사람처럼 한 문장 한 문장 곱씹으며 읽었다. 하나님의 놀라운 역사가 거기에 쓰여 있었다.

그녀는 가만히 왼쪽 가슴에 손을 대보았다. 힘차게 뛰고 있는 심장의 고동이 손끝에 느껴졌다.

'아, 하나님, 감사합니다.'

그때, 그녀의 휴대폰으로 문자가 들어왔다.

"권사님, 오늘도 성령의 은혜 안에서 잘 보내고 계시지요. 저는 가게에서 일하다가 잠시 다리쉼하고 있답니다. 권사님 덕분에 제가 이렇게 새 일을 할 수 있게 되었네요. 감사해요. 일요일에 뵐게요."

문자는 그녀가 최근에 전도한 성도가 보내온 것이었다.

그녀는 심장 치료에 전념하게 되면서 암사동의 아파트를 팔고 안산에 내려와 있었다. 안산에 자리를 잡으며 나가게 된 교회에서 그녀는 분식점을 하는 권사님을 알게 되었다. 권사님은 털털하고 활기찬 분으로 그녀와 마음이 잘 맞았다.

"가수로 유명한 권사님께서 우리 분식점을 찾아와 식사를 하신다니까 사람들이 궁금해해요. 만나보고 싶다는 사람도 많고요."

"그래요? 다행이네요. 아직도 나를 기억하는 사람이 다 있고요."

"그런데요, 권사님, 제 친구 중에 권사님을 예전부터 좋아했던 팬이 있는데 한번 만나주실 수 있어요?"

"에구, 권사님. 그거 뭐 어려운 부탁이라고 못 들어드리겠어요? 만나볼게요. 언제 보면 될까요?"

"박 권사님, 고마워요. 제가 곧 날 잡아서 연락드릴게요."

몸 상태가 나빠져 간증 집회를 조금 줄이기는 했지만, 그녀는 여전히 바쁜 나날을 보내고 있었다.

어느 날, 집회가 끝나고 혼자 사는 집에 들어가는 길에 그녀는 권사님이 하는 분식점에 들렀다.

"권사님이 해주시는 메밀국수가 먹고 싶어 왔어요. 괜찮은 거죠?"

"물론이죠. 그럼 제 친구도 오라고 할까요?"

"그렇게 하세요."

얼마 뒤, 한 여인이 작은 화분을 들고 나타났다.

"박 권사님, 제 친구예요. 지난번에 권사님 몹시 뵙고 싶다고 했던."

"아, 예. 여기 앉으세요. 식사 같이해요."

그녀는 웃으며 말했다.

"옛날부터 박 선생님 팬이었어요. 세월이 가도 여전히 예쁘시네요."

권사님의 친구는 들고 온 화분을 그녀에게 선물하며 수줍게 말했다.

"아이구, 감사합니다. 그런데 선물까지?"

"별거 아닌데요, 뭘."

"감사해요. 화분이 참 예쁘네요. 제가 답례로 식사를 대접할게요."

"아니에요."

"에이, 사양하지 마세요."

그녀는 언제나 처음 만나는 사람에게 하는 질문을 여자에게도 했다.

"교회에 다니세요?"

"저는 안 다니고 언니가 열심히 다녀요. 저를 위해 10년 넘게 기도하고 있는데, 저는 아직……."

순간, 그녀는 영적인 반응이 오는 것을 느꼈다. 이 사람을 여기서 전도해야 한다는 확신이 든 것이다.

"이제 교회 나갈 때가 됐어요. 교회 나갑시다."

여자는 크게 당황하면서 갑자기 얼굴이 어두워졌다. 뭔가 큰 고민이 있는 것 같았다.

"말씀해보세요, 뭐가 문제인지."

여자는 작은 목소리로 그녀에게 이런저런 이야기를 털어놓았다. 집안 사정이 좋지 않아 자살까지 생각했으며, 심적으로 의지할 데가 없어 집에 정화수를 떠놓고 부적을 붙이는 등 노력을 해봤는데 되는 것이 없다는 것이었다.

"쉬운 방법이 있는데 왜 그렇게 어렵게 사세요? 오늘 우리가 이렇게 만난 것도 하나님이 다 준비하신 거예요."

여자는 그녀의 이야기를 조용히 듣고 있었다. "나를 통해 하나님이 언니의 기도를 들어주시려는 거예요. 하나님이 왜 우리를 만나게 하셨겠어요? 자매님을 하나님 곁으로 부르시는 거예요. 하나님을 믿어보세요. 그리고 그 짐을 다 맡기세요. 얼마나 편한데요."

여자는 잠시 망설이다가 잠시 후 결심한 듯 말했다.

"교회에 나갈게요."

"잘 생각했어요. 일요일 10시 40분까지 교회로 와요."

"예."

여자는 약속대로 일요일에 교회로 나왔고, 그녀는 여자의 멘토가 되었다. 처음 그녀가 교회에 나갔을 때 한 성도가 그랬던 것처럼 그녀도 여자에게 성경과 찬송가를 선물했다. 여자는 크게 감동했다. 그 후 여자는 믿음 생활을 열심히 했다.

"박 권사님, 제가 왜 이제야 좋으신 하나님을 만나게 되었는지 모르겠어요. 그분이 어떤 분인지 이제야 알 것 같아요."

여자는 감격에 겨운 목소리로 그녀에게 외쳤다. 그것은 기쁨과 환희의 외침이었다. 오랜 영적 방황을 거쳐 여자는 비로소 구원을 받고 있었다.

"권사님, 저한테 새로 사업을 하자는 사람이 생겼어요. 새로운 돌파구가 생겼다고요. 이게 다 권사님 기도 덕분아니겠어요?"

여자는 자신을 전도해준 그녀에게 고마움을 전했다.

'이렇게 섬세하고 구체적인 하나님의 손길이 있는데, 누가 하나님은 없다고 하는가? 이런 놀라운 응답이 있는데, 누가 하나님은 침묵하신다고 하는가?' 그녀는 하나님의 섭리에 감사하며 여자에게 문자를 보냈다.

"자매님, 이번 주에는 지방에 전도 집회가 있어서 못 볼 거 같아. 많은 사람들이 회심해서 하나님 자녀가 될 수 있게 해 달라고 자매님도 기도해줘."

그녀는 「학개」에 쓰인 구절을 다시 읽는다. 「학개」에는 유대 민족이 바빌론 유수에서 풀려나 예루살렘으로 돌아와 성전을 짓는 대목이 나온다. 그때 유대 민족은 폐허가 된 예루살렘에서 먼저 성전을 짓는 것이 과연 옳은가 의심하고 머뭇거리고 있었다. 예루살렘에는 웅장하던 솔로몬의 대성전은 자취는 온데간데없고 그들이 거주할 곳도 마땅치 않았다. 그러므로 성전 짓는 것을 회의적으로 생각한다고 해서 이상할 것도 없는 상황이었다.

선지자 학개는 어려움에 처한 유대인들에게 그럼에도 불구하고 성전을 짓는 것이 중요하다고 설파했다. 선지자의 꾸짖음에 사람들은 초라하게나마 성전을 짓기 위해 나섰다. 학개는 그렇게 해서 꼴을 갖추어가는 성전을 바라보며 감격하며 이렇게 말했다.

"이것이 너희에게 어떻게 보이느냐 이것이 너희 눈에 보잘 것없지 아니하냐"(「학개」 2장 3절)

실제로 솔로몬 성전의 화려함에 비하면 그것은 성전이라고 할 수도 없었다. 하지만 학개는 하나님의 말씀을 전하며 그런 성전이기에 더 영광되다고 말한다.

"이 성전의 나중 영광이 이전 영광보다 크리라 만군의 여호와의 말이니라 내가 이곳에 평강을 주리라 만군의 여호와의 말이니라"(「학개」 2장 9절)

하나님은 작고 초라한 성전을 축복하시며 영광을 주시겠다고 약속하셨다는 것이다. 가수로서 그녀의 삶은 휘황찬란한 솔로몬의 성전에 비유할 수 있을 것이다. 그런 그녀의 삶에도 시련이 찾아왔고 그 자리에는 폐허가 자리했다. 복음 사역자로서 그녀의 삶은 그 위에 새워진 새로운 성전, 초라하고 작은 성전과 같다. 하지만 하나님께서 예루살렘의 새 성전, 그

보잘것없는 성전을 축복하셨듯이 주의 말씀에 따라 세운 그녀의 새로운 삶을 축복하셨다.

그녀의 직계가족은 이제 모두 예수님을 믿는다. 아름답게 성장한 두 딸은 그녀의 믿음만큼이나 신실하다. 가수였던 둘째 딸은 하나님의 소중한 사명을 받고 일생 동안 주의 몸 된 교회를 위해 헌신 봉사하겠다는 목사 남편과 함께 사모의 길을 걷고 있다.


어느 시인이 그랬다. 인생 60대는 해마다 늙고, 인생 70대는 달마다 늙고, 인생 80대는 날마다 늙고, 인생 90대는 시간마다 늙고, 인간 100세는 분마다 늙는다고.

이제 그녀는 달마다 늙고 있다. 하지만 하나님을 전하는 열정은 처음과 다르지 않다. 그녀는 자신을 부르는 곳이면 어디든 달려간다. 하나님이 부르시는 그날까지 논스톱인 믿음, 심장과 같은 믿음으로……. 심장 박동 같은 주의 은혜, 그 강한 힘으로 그녀는 세상의 이곳저곳을 달리며 복음을 노래하고 있다. 그리고 오늘도 하나님의 놀라운 역사가 펼쳐지는 현장에 그녀가 서 있다.